Verhandeln mit System

René Schumann · Stefan Oswald · Philippe Gillen

Verhandeln mit System

Spieltheorie und Verhaltensökonomie im Einkauf – die Erfolgsformel für Profis

René Schumann
Negotiation Advisory Group GmbH
Mannheim, Deutschland

Stefan Oswald
Negotiation Advisory Group GmbH
Mannheim, Deutschland

Dr. Philippe Gillen
Negotiation Advisory Group GmbH
Mannheim, Deutschland

ISBN 978-3-658-34054-4   ISBN 978-3-658-34055-1   (eBook)
https://doi.org/10.1007/978-3-658-34055-1

Die Deutsche Nationalbibliothek verzeichnet diese Publikation in der Deutschen Nationalbibliografie; detaillierte bibliografische Daten sind im Internet über http://dnb.d-nb.de abrufbar.

Illustrationen: Lea Feicks
Planung/Lektorat: Susanne Kramer
Springer Gabler ist ein Imprint der eingetragenen Gesellschaft Springer Fachmedien Wiesbaden GmbH und ist ein Teil von Springer Nature.
Die Anschrift der Gesellschaft ist: Abraham-Lincoln-Str. 46, 65189 Wiesbaden, Germany

Geleitwort

Die moderne Einkaufsorganisation hat es heute mit einer komplexen und heterogeneren Welt zu tun und unterliegt gleichzeitig unterschiedlichen internen und externen Interessen. Globalisierung, verbunden mit unterschiedlichen Geschäftsmodellen, bietet Risiken und Chancen zugleich. Daher gilt es, die Organisation kontinuierlich zu entwickeln, um konstant Wert für das Unternehmen generieren zu können. Die damit einhergehende Kernaufgabe einer Einkaufsorganisation zeigt sich oftmals im Verhandlungsergebnis als Resultat der Interaktion.

Die Zeiten, in denen der Einkauf als reine transaktionale Funktion agiert hat, sind vorbei. Heute geht es um Geschwindigkeit, Interaktion und Moderation. Es gilt, neue Wege zu gehen und damit konsequent zur positiven Unternehmensentwicklung beizutragen. Eine Verhandlung auf die reine Preisfrage zu reduzieren, greift unter diesen Ansprüchen zu kurz. Das Streben nach dem Erschließen von Innovationen, der Entwicklung neuer Produkte oder dem Verbessern von Bestandsprodukten zum dauerhaften Erhalt der Wettbewerbsfähigkeit sind die neuen Top-Prioritäten. Dabei zählen wirkliche Partner, die ebenso wie die Einkaufsfunktion dem unternehmerischen Denken folgen.

Eine der Grundlagen ist dabei die richtige Planung und Steuerung von Verhandlungs- und Vergabeprozessen. Hier fehlt es oftmals an Innovation und an wirklichen Neuerungen. Die Interaktionen mit dem Markt, also wie verhandelt wird, erfolgt im Prinzip meist noch wie vor hundert Jahren: auf Basis der immer gleichen, tausendfach praktizierten Methodik, meist vollzogen mithilfe einer über die Jahre entwickelten Intuition des Verhandelnden. Dabei ist die Erkenntnis offensichtlich: Ohne systematisierte Prozesse sowie transparente Strukturen lassen sich globale Verhandlungen mit tausenden Zulieferern, durchgeführt von hunderten Mitarbeitern, nicht erfolgreich realisieren. Verhandlungen brauchen ein klar strukturiertes System, das nicht nur auf Intuition und Erfahrung baut, sondern erlernbar und vermittelbar ist.

Dieses Buch zeigt eine Entwicklungsperspektive im Bereich der Verhandlungen auf. Weg von Intuition und Bauchgefühl, führt es stattdessen hin zu einem systematischen Ansatz, der das Verhandlungsmanagement im Einkauf auf eine neue Stufe hebt – durch die Verbindung von Mensch, Struktur, Prozess, Daten und Technologie.

Aus der Praxis für die Praxis: Die Autoren präsentieren keine wissenschaftliche Abhandlung, aber auch keinen klassischen Ratgeber. Reale Beispiele erläutern anschaulich, wie die vorgestellten Werkzeuge professionell in der Einkaufspraxis umgesetzt werden können.

Das Autorenteam hat dabei eine gute Balance gefunden zwischen dem, was im Einkauf hinreichend bekannt ist, und dem, was es noch zu lernen gilt.

Ein Grundgedanke dabei ist: Es hilft nicht, die Gegenseite mit wohlformulierter Rhetorik überzeugen zu wollen. Um wirkliche Werte zu erzielen, braucht es eindeutige Fakten. Neben einer strukturierteren Analyse und Vergleichbarkeit müssen in der Vorbereitung auf eine Verhandlung auch die unterschiedlichen Perspektiven und Positionen berücksichtigt werden, damit das Verhandlungsteam auf verschiedene Situationen stets sehr bewusst reagieren kann.

Unsere Aufgabe liegt darin, Teams zu befähigen und ihr Wissen stetig auszubauen; ihnen das richtige Rüstzeug an die Hand zu geben, um eigenständig das Beste für das Unternehmen zu erzielen. Dabei kontinuierlich voneinander zu lernen und Wissen zu teilen.

Lassen Sie uns diese neuen Wege gehen – und noch wichtiger: Lassen Sie uns die Zukunft gemeinsam gestalten.

Ich wünsche Ihnen viel Freude beim Entdecken dieses Buches.

Michael Stietz
Chief Procurement Officer der Körber AG[1]

---

[1] Die Körber AG ist ein international führender Technologiekonzern mit rund 10.000 Mitarbeitern und mehr als 100 Standorten weltweit. In den Geschäftsfeldern Digital, Pharma, Supply Chain, Tissue und Tabak bietet das Unternehmen Produkte, Lösungen und Services, die im Geschäftsjahr 2019 einen Umsatz von 2 Mrd. EUR erzielten.

Inhaltsverzeichnis

Unser Weg zum System of Negotiations

Zusammenfassung

Einkaufsverhandlungen sollten nicht von der Person abhängen, die den Prozess durchführt. Vielmehr sollte die Verhandlung so systematisch wie möglich ablaufen und sich durch Transparenz und Objektivität auszeichnen. Das reduziert auf der Seite des Einkaufs deutlich den Stress, den ein Einkaufsprojekt mit sich führen kann. Auf der anderen Seite schafft es Vertrauen auf Seiten der Zulieferer, dass die Vergabe tatsächlich nach den beschriebenen Regeln ablaufen wird. Nur dann kann ein spieltheoretisches Vergabedesign sein volles Potential entfalten und die Savings maximieren.

Seit alters her finden Verhandlungen zwischen Menschen statt, wenn sie sich ihrer unterschiedlichen Interessen bewusstwerden und darüber in Konflikt geraten. Ein Motiv dafür ist die Erkenntnis, dass Gewalt zur Durchsetzung der eigenen Interessen auch mit Kosten verbunden sein kann und man womöglich besser mit einer Verhandlungslösung fährt. So finden Verhandlungen auf allen zwischenmenschlichen Ebenen ab: zwischen Staaten um Territorien und Wasser, zwischen Staaten und Staatengruppen nach Kriegen über Friedensverträge, zwischen politischen Parteien über Koalitionen und Posten, zwischen Familien, deren Kinder heiraten, zwischen Eltern und Kindern um Taschengeld und Bettgehzeiten, zwischen Arbeitgebern und Gewerkschaften über Löhne und Arbeitsbedingungen, zwischen Mietern und Hausbesitzern usw. Verhandlungen zwischen Menschen und ihren Institutionen gehören zu unserem Alltag. Kein Wunder, dass Google bei dem Stichwort Verhandlungen insgesamt 24 Mio. Ereignisse zählt.

Dieses Buch befasst sich zwar nur mit einem kleinen Ausschnitt dieser allgegenwärtigen alltäglichen Verhandlungspraxis: den Einkaufsverhandlungen von

Unternehmen mit ihren Zulieferern. Aber auch für diesen spezifischen Bereich kommt Google noch auf 844.000 Ereignisse. Amazon weist zu diesem Thema eine lange Liste von 151 Büchern aus. Ist damit schon alles zu diesem Thema gesagt beziehungsweise geschrieben? Warum also noch ein Ratgeberbuch?

Der Grund: Nach unseren Erfahrungen, und wir sind schon lange in der Verhandlungspraxis tätig, verlaufen viele, wenn nicht gar die meisten Verhandlungen in diesem Bereich suboptimal. Es werden immer wieder die gleichen Fehler begangen. Insbesondere zwei Punkte fallen uns dabei auf: Erstens, dass bei vielen Verhandlungen die Person, der sogenannte „Dealmaker", im Vordergrund steht und nicht ein nach klaren Regeln ausgearbeiteter Verhandlungsprozess, und dass zweitens als Folge davon ein Vorgehen praktiziert wird, das gerade am Ende der Verhandlungen zu viel Stress und somit zu kontraproduktiven Emotionen führt, die Energie und Geld kosten und das Verhandlungsergebnis beeinträchtigen.

Was steht bei der Einkaufsverhandlung im Vordergrund: Prozess oder Person?
In unserer Beraterpraxis stoßen wir häufig auf ein Phänomen, das wir „Freestyle-Verhandlungen" nennen. Damit meinen wir Verhandlungen, die ohne System oder Prozess geführt werden und so Einsparpotentiale verschenken. Hier wird dann meist versucht, alle Eigenschaften des Produktes auf einmal zu verhandeln. Ob Vertragsprämissen, wie beispielsweise Lieferbedingungen oder Zahlungsmodalitäten, Preise oder sogar Details der Spezifikationen: Alles wird gleichzeitig zu einem vermeintlich attraktiven Paket festgezurrt. Das sorgt für Unübersichtlichkeit, gerade bei umfangreicheren Auftragsvergaben, denn niemand kann sich auf alles gleichzeitig fokussieren.

Diese Unübersichtlichkeit macht das Ergebnis sehr personenabhängig: Wer behält besser die Nerven, kann sich länger konzentrieren, hat mehr Ausdauer? Das kann sogar von der Tagesform abhängen. Persönliche Eigenschaften können vielleicht bei Pokerturnieren ausschlaggebend sein, aber von ihnen sollte unserer Meinung nach das Ergebnis einer Verhandlung nicht abhängen. Solche Freestyle-Verhandlungen sind meist die Bühne eines ganz speziellen Personentypus, des sogenannten „Superman-Verhandlers"[1]. Charakteristisch ist für ihn eine Kombination aus Empathie und einem gewissen Charisma sowie ein ganz eigener Verhandlungsstil. Diese Einkäufer können durchaus erfolgreich sein und gute Ergebnisse erzielen. Für das Unternehmen ist das allerdings nicht nachhaltig und

---

[1] Der Begriff „Verhandler" findet laut Duden eigentlich nur im österreichischen Sprachgebrauch Verwendung. Aber da wir keinen besseren haben, leihen wir uns diesen Begriff gern von unseren südlichen Nachbarn aus. Er entspricht dem englischen Wort „negotiator". Die ansonsten geläufigen Begriffe „Verhandlungsführer" oder „Unterhändler" beschreiben demgegenüber Spezialfälle des Verhandlers.

es führt zu Abhängigkeit. Diese entsteht, wenn der Erfolg der Einkaufseinheit ganz an diese eine Person gebunden ist. Natürlich muss es in Unternehmen immer einen Verantwortlichen geben, der eine solche Abteilung leitet. Jedoch sollten nicht Führung der Abteilung, Durchführung der Verhandlung und die Ausarbeitung des Konzepts dafür in einer Person gebündelt sein. Dazu kommt die fehlende Nachhaltigkeit: Oft handelt es sich bei den Fähigkeiten des Superman-Verhandlers weniger um ein erlernbares System als um Intuition. Und diese ist nur schwer an andere zu vermitteln – soweit der Superman-Verhandler sein Wissen überhaupt an einen Nachfolger weitergeben will.

Ein damit eng verbundenes Problem ist Intransparenz: Durch die meist unsystematische Vorgehensweise ist es schwierig zu bemessen, wie erfolgreich der Einkäufer überhaupt ist, wenn dafür keine sauber hergeleiteten Benchmarks entwickelt werden. Die Sparziele sind oft nur über den Daumen gepeilt, und wenn sie erreicht werden, gibt es wenig Indizien dafür, wo gespart wird, welche Vertragsprämissen vielleicht auch noch hätten erreicht werden können, ob eine andere Spezifikation nicht noch mehr Vorteile gebracht hätte etc. Das ist das eigentliche Problem unsystematischen Vorgehens: Ohne die vorher entwickelten Benchmarks existieren keine Vergleichswerte, und ohne dass Vergleichbarkeit für die Prämissen oder Spezifikationen hergestellt wird, ist keine objektive Bewertung des Ergebnisses möglich. Natürlich kann man eine solche Bewertung grob schätzen. Aber wir erleben in der Praxis immer wieder, dass Unternehmen Beziehungen zu ihren Lieferanten als „ausverhandelt" bezeichnen und kaum Spielraum sehen, zu besseren Konditionen zu kommen. Am Ende erzielen wir dann aber meistens Preisreduktionen im zweistelligen Prozentbereich. Das zeigt, wie wichtig es ist, einen solchen Verhandlungsprozess konsequent zu gestalten. Dafür spricht auch ein letztes Argument: Einem Branchen-Audit zufolge sehen sich vier von fünf Verhandlungsführern als Gewinner einer Verhandlung – ein deutliches Indiz für die Subjektivität und Intransparenz des Verhandlungsprozesses.

Dennoch haben es manche dieser Superman-Verhandler geschafft, sich in der Öffentlichkeit – zumindest zeitweilig – mit dem Nimbus des begnadeten Dealmakers zu umgeben. Fragt man nach den Gründen für ihren Erfolg, stößt man aber vielfach nur auf Binsen oder zweifelhafte Ratschläge. Das gilt beispielsweise für Donald J. Trump, Co-Autor des Buches „The Art of the Deal". Da heißt es in dem Bestseller, den er selbst als das „zweitbeste Buch nach der Bibel" preist, „manchmal zahlt es sich aus, ein wenig wild zu sein". Sein nicht gerade überraschender Rat: „Hör auf dein Bauchgefühl". Für gute Deals brauche man zwar eine gewisse Intelligenz, aber vor allem Instinkte. Geschäfte machen sei eine Fähigkeit, die einem angeboren sei, die quasi in den Genen liege. Über Verhandlungstaktik schreibt er: „Ich gehe immer in einen Deal, indem ich das

Schlechteste antizipiere. Wenn Sie mit dem schlechtesten Resultat leben können, wird sich das bessere Ergebnis immer von selbst einstellen."(Eckel-Dorna 2017) Richtig daran ist natürlich, immer auch den Worst Case im Auge zu behalten. Es gehört selbstverständlich auch in allen Verhandlungssituationen, mit denen wir uns beschäftigen, zu unserer Strategie, alle möglichen Ausgänge des Verhandlungsprozesses im Vorhinein darzustellen und zu analysieren. Nur auf dieser Basis lässt sich das nötige Verständnis und damit Einverständnis beim Management einholen, diesen Prozess bis zum Ende durchzuführen. Aber dass Verhandlungsgeschick eine angeborene Eigenschaft sein soll, ist aus zwei Gründen Unsinn: Erstens ist der Verhandlungsprozess, wie wir ihn jeden Tag durchführen, absolut erlernbar, ansonsten würden wir ja personell kaum wachsen. Zweitens sollte man spätestens dann skeptisch werden, wenn eine Person behauptet, dass sie als einzige die Verhandlung zum Erfolg führen könne. Was zu den genannten Problemen Abhängigkeit von dieser Person und mangelnder Nachhaltigkeit führt.

Gut zu verhandeln ist nach Trump also eine Frage der Persönlichkeitsstruktur, der Intuition und angeborenen Cleverness des Verhandlers. Dass auf dieser Grundlage eine Einkaufsabteilung nicht nachhaltig geleitet und entwickelt werden kann, zeigte der spanische Manager José Ignacio López de Arriortúa. Er war zunächst für Opel beziehungsweise den Mutterkonzern General Motors (GM) im Einkauf tätig und sorgte später bei Volkswagen und dessen Zulieferern für Furore und Schrecken. Anfangs galt er als extrem erfolgreich, ihm gelang es, die Zuliefererpreise teils um zweistellige Prozentbeträge zu drücken. Auf dem Höhepunkt seines Ruhms war er der Inbegriff des Superman-Verhandlers der Automobilindustrie. Er schuf einen regelrechten Kult um seine Person und bediente sich dabei eines martialischen Stils. Sein Team, von ihm seine „Krieger" genannt, führte er wie eine Sekte. Wer dazu gehörte, musste die Uhr am rechten Handgelenk tragen. Wer gegen ihn war, „den habe ich gekillt", rühmte er sich (Wiek 2017). „Der Mann kennt alle Kniffe, er weiß, wann er Emotionen, kleine Zoten, Ironie, große Drohungen, offene Ruchlosigkeit und klare Lügen einzusetzen hat", zitiert die Zeitschrift „Der Spiegel" einen ehemaligen López-Mitarbeiter. Nachhaltigen Erfolg hatte der „Würger von Wolfsburg" („Der Spiegel" 1993) allerdings nicht, ganz im Gegenteil: Seinen Namen verbindet man heute eher mit dem „López-Effekt": als Synonym für billige und oft mangelhafte Bauteile (Wikipedia).

Warum Stress in Verhandlungen nicht zu optimalen Ergebnissen führt
Freestyle-Verhandlungen sind für die allermeisten beteiligten Personen immer auch mit Stress verbunden. Wahrscheinlich kennen die meisten Einkäufer die Situation: Die Vorbereitungsphase ist abgeschlossen und nun entscheidet es sich

in den nächsten Stunden, ob die Arbeit der vergangenen Wochen belohnt wird oder ob die Gegenseite geschickter in der Verhandlung agiert, als man erwartet hatte. Das Durchleben der emotionalen Konflikte, die mit komplexen, politisch schwierigen und strategisch wichtigen Verhandlungen einhergehende Unsicherheit und die Ungewissheit, ob die Verhandlungen ins Ziel gebracht werden und ob wirklich das beste Ergebnis erzielt wird, bringt selbst erfahrene Einkäufer nervlich an ihre Grenzen. Gerade bei wichtigen Verhandlungen spüren sie, genauso wie die Vertriebler auf der Gegenseite, starken Druck. Viele schlafen schlecht vor dem großen Event, bekommen feuchte Hände während der Verhandlung, Puls und Blutdruck steigen. Verständlich bei einer konventionellen Verhandlung, bei der sich der Erfolg des Einkaufsprozesses auf einmal innerhalb weniger Stunden materialisiert. Auch wenn der Einkauf schon vor dem großen Tag vorbereitende Gespräche mit den Lieferanten geführt hat, werden gerade am Ende eines solchen Prozesses die Nerven aufs Äußerste strapaziert.

Das ist problematisch, denn Stress führt meist dazu, dass man emotional reagiert und in alte Verhaltensmuster zurückfällt. Vielleicht kennen Sie die Situation: Man hat sich vorgenommen, möglichst objektiv, sachlich, neutral und gelassen in die Verhandlung zu gehen. Aber der Zulieferer leistet deutlich mehr Widerstand als angenommen, er möchte partout keine Preissenkungen oder Änderungen bei den Vertragsprämissen mehr akzeptieren. Jetzt entsteht Stress, die Emotionen nehmen überhand: Ein Einkäufer, der eher der harmonische Typ ist, sucht dann Harmonie und lenkt vielleicht zu früh ein. Ein Einkäufer, der ein harter Verhandler ist, blockiert nun womöglich zu früh und die Verhandlung kommt auf keinen grünen Zweig, weil keiner sich einen Schritt bewegt. Wenn eine solche Verhandlung also von der Person und deren Tagesform abhängt, dann kann das weder gesund für die beteiligten Personen sein, noch zu guten Ergebnissen führen.

In der Verhandlung von den beteiligten Personen abstrahieren
Unsere Idealvorstellung ist, dass es am Tag der Verhandlung eigentlich egal sein muss, wer vom Einkauf am Verhandlungstisch sitzt. Denn die wesentlichen Grundlagen des Vergabeprozesses sollten schon in der Vorbereitung festgelegt sein, sodass das Ergebnis der Verhandlung zu 99 % unabhängig von den Verhandlungsführern ist. Um diese Personenunabhängigkeit zu erreichen, bedarf es natürlich eines erlernbaren Systems. Wir sind nicht die ersten, die diesen Weg gehen. Die prominentesten Vordenker eines solchen Konzepts, die auch uns Anstöße gegeben haben, sind die Harvard-Autoren Roger Fisher und William Ury mit ihrem Buch „Getting to Yes", das auf Deutsch unter dem Namen „Das Harvard-Konzept" bekannt wurde (Fisher und Ury 1981). Es legt den Fokus auf strikte Sachlichkeit, von den beteiligten Personen gilt es zu abstrahieren,

gerade weil klar ist, dass die beiden Parteien einer Verhandlung zuerst einmal Menschen mit all ihren persönlichen Eigenheiten sind. Das kann den Autoren zufolge manchmal positiv, aber auch sehr negativ ausschlagen. Da sich persönliche Interessen mit der Verhandlung vermischen können, sollte versucht werden, die Verhandlung klar von den Menschen, die verhandeln, zu trennen. Inspirierend sind zudem die Guidelines des Buches, die erklären, wie man es schafft, sich nicht unter Druck setzen zu lassen, dass es wichtig ist, sich in die andere Seite hineinzuversetzen und zu verstehen, warum sich die Gegenseite so verhält, wie sie sich verhält. Ziel ist es, trotz anfänglicher Interessengegensätze ein Ergebnis zu finden, das beide Seiten als Gewinn betrachten, so dass keine Partei als Verlierer aus den Verhandlungen geht.

Das Harvard-Konzept war also ein guter Start, aber es ist etwas idealistisch und funktioniert nur, wenn die Interessen nicht zu unterschiedlich sind. Zudem schöpft es die Potentiale bei Verhandlungen im Einkauf bei weitem nicht aus. Allein schon wenn mehrere Zulieferer das gewünschte Produkt anbieten: Warum sollte man sich mit ihnen einzeln an den Verhandlungstisch setzen, wenn sich Wettbewerbsdruck nutzen lässt? Aber auch für Verhandlungen mit nur einem Verhandlungspartner sind die vielen guten Ratschläge, die das Buch macht, häufig nicht nah genug an der Praxis.

Was die Spieltheorie zum Verhandlungserfolg beitragen kann

Ein weiterer Anstoß, um Verhandlungen zu objektivieren und zu besseren Verhandlungsergebnissen zu kommen, erfolgte durch die Anwendung der Spieltheorie auf Einkaufsverhandlungen. Die Spieltheorie wurde von John von Neumann und Oskar Morgenstern erstmals systematisch in dem Buch „Theory of Games and Economic Behaviour" dargestellt (von Neumann und Morgenstern 1944). In der Spieltheorie geht es darum, Interaktionen zwischen den daran beteiligten Menschen mathematisch zu modellieren und daraus rationale Strategien abzuleiten. Dazu müssen alle Optionen, die es in einer Verhandlung gibt, identifiziert und quantitativ bewertet werden. So wird erstmal Vergleichbarkeit zwischen den Optionen hergestellt, denn nur, wenn ich weiß, was auch nichtmonetäre Unterschiede bei der Verhandlung, in Geldwerten ausgedrückt, wert sind, besteht die Möglichkeit, sich objektiv zu entscheiden. Werden diese Bewertungen dagegen lediglich über den Daumen gepeilt, spielen Bauchgefühl und Emotionen eine wesentliche Rolle, was es zu vermeiden gilt. Nur so kann erkannt werden, welcher Teilnehmer welche Ziele bei der Verhandlung erreichen möchte. Dadurch lassen sich kontraproduktive Emotionen aus der Verhandlung eliminieren. Die Spieltheorie hilft also die Frage zu beantworten, was das Verhalten der anderen Teilnehmer in einer Entscheidungssituation antreibt und was sie erreichen möchten, so dass man sein eigenes Verhalten darauf einstellen und eine „beste Antwort" darauf geben kann.

Allerdings: Versucht man Verhandlungen im Einkauf ausschließlich spieltheoretisch anzugehen, wie das manche Spieltheoretiker in unserer Branche propagieren, dann besteht die Gefahr, dass die Lösung zu theoretisch, zu abgehoben wird. Spieltheorie ist ein nützliches Werkzeug, um zu verstehen, wie sich die Akteure wahrscheinlich verhalten werden, aber es sollte auch nur als Hilfsmittel im Werkzeugkasten des Einkäufers verstanden werden. Denn nicht jede Situation kann ausschließlich mit klassischer Spieltheorie gelöst werden, selbst wenn spieltheoretische Ansätze hilfreich sind für die Strukturierung der Verhandlung. Denn für die reale Welt gilt meist nicht, was die Spieltheorie unterstellt: rationales Verhalten aller Teilnehmer entsprechend ihrer Interessen.

Unser „System of Negotiations" – Kombination aus Spieltheorie, Verhaltensökonomie und Praxiserfahrung

Aus unseren langjährigen Erfahrungen in der Beratung der Einkaufsabteilungen von Großunternehmen und Mittelständlern wissen wir, dass es notwendig ist, die Spieltheorie mit anderen Erkenntnissen anzureichern, etwa der Verhaltensökonomie, der Datenanalyse, dem spezifischen Wissen der jeweiligen Einkaufsabteilung etc. Unser Kerngeschäft war und ist dabei nicht, Einkäufer zu schulen und zu coachen, sondern die Vergaben selbst durchzuführen und uns selbst den Herausforderungen in den Verhandlungen zu stellen. Wir kennen somit die realen Probleme und Schwierigkeiten in der Welt des Einkaufs. Diese theoretischen und praktischen Erkenntnisse haben wir zu unserem „System of Negotiations" verdichtet. Dieses Wissen wollen wir mit diesem Buch weitergeben. Denn wir halten Verhandeln für ein Handwerk, das sich erlernen lässt und dessen Grundzüge wir hier vorstellen.

Die Idee dazu entstand in unserem praktischen Alltag, als wir uns mit der Frage befassten: Wie können wir unser Wissen am besten an die handelnden Manager in den Einkaufsabteilungen weitergeben und sie ausbilden? Denn bislang ist der Weg zum verhandlungssicheren Einkäufer in den Unternehmen ein klassischer „Learning by Doing"-Ansatz, für den man normalerweise ein bis zwei Jahrzehnte an Erfahrung braucht. Dieser Lernprozess lässt sich mit unserem „System of Negotiations" enorm beschleunigen, denn diese Fähigkeiten sind kein Hexenwerk – sie sind erlernbar, wenn man den Prozess klar strukturiert und systematisiert. Dieses Buch soll dafür einen Leitfaden bieten.

Dabei kommt uns zugute, dass unser Team multidisziplinär zusammengesetzt ist aus Volks- und Betriebswirten, Mathematikern und Wirtschaftsingenieuren. Jeder hat im Laufe seiner Praxis besondere Verhandlungsexpertise erworben und bringt seine Stärken ein, so können Synergien gehoben und kreative Lösungen für neue Situationen gefunden werden. Die Zusammenarbeit in unserem Unternehmen ist das Kapital, das uns auszeichnet. Zwar verzeichnet dieser Praxisratgeber im Impressum nur drei Autoren, doch in gewisser Weise hat das ganze Team einen Beitrag geleistet, das Buch ist eine Zusammenfassung unserer gemeinsamen Erkenntnisse und Erfahrungen.

Impulsgeber für dieses Buch ist René Schumann. Seine ersten Erfahrungen im Einkauf machte er bei Daimler, wo er das Geschäft des Einkaufs von der Pike auf lernte und acht Jahre Verhandlungsteams in der Abteilung Global Procurement & Negotiations leitete. Bei einer Großvergabe nutzte er erstmalig Elemente der Spieltheorie, die damals bei Verhandlungen mit Zulieferern noch wenig angewandt wurden. Der überwältigende Erfolg begeisterte ihn so sehr, dass er sich ganz auf dieses Gebiet spezialisierte. Es folgten einige Jahre in den Unternehmensberatungen KPMG und Kerkhoff, in denen er sich weiter auf das Thema Einkaufsverhandlungen fokussierte, zuletzt als Gründer und CEO der Negotiation Advisory Group (NAG). Sein Credo: Menschen und Unternehmen verhandeln effizienter durch ein transparentes System, das sich durch Klarheit in Prozess, Methoden und Kompetenzen auszeichnet. Durch den Einsatz von Spieltheorie und Behavioral Economics lässt sich der Verhandlungserfolg systematisch maximieren. Gleichzeitig stellen Transparenz und Fairness die Akzeptanz beim Verhandlungspartner sicher. Mittlerweile hat René Schumann mehr als 15 Jahre Erfahrung in Einkaufsverhandlungen mit einem Volumen von insgesamt elf Milliarden Euro. Zeit also, den nächsten Schritt zu wagen: zusammen mit Kollegen der Negotiation Advisory dieses Buch für Verhandler zu veröffentlichen.

Co-Autor ist Stefan Oswald, der sich schon im Studium wissenschaftlich mit Verhandlungen befasste, er schrieb seine Diplomarbeit über Spieltheorie im Einkauf. Seine erste Stellung hatte er als Spieltheoretiker im strategischen Materialeinkauf ebenfalls bei Daimler, wo er eng mit René Schumann zusammenarbeitete. Danach folgten Stationen bei Philips, Eisenmann und als Geschäftsführer zusammen mit René Schumann bei NAG. Er ist in unserem Team der Erfahrenste in angewandter Spieltheorie mit mehr als 80 verhandelten Einkaufsprojekten und einem Volumen von etwas mehr als zwölf Milliarden Euro. Zudem hat Stefan Oswald im Laufe seiner Karriere unzählige Schulungen zum Thema Spieltheorie im Einkauf abgehalten, er ist verantwortlich für das Thema Coaching.

Dritter im Autorenbunde ist Dr. Philippe Gillen, der nach Mathematik- und Physikstudium bei Professor Achim Wambach über Spieltheorie im Einkauf promovierte. Während dieser Zeit hat er zahlreiche Kurse und Seminare zum Thema Auktions- und Spieltheorie gestaltet und gehalten. Sein Wissen ist vor allem gefragt, wenn es um die Kombination spieltheoretischer Vergaben und Daten geht. Er ist verantwortlich für das Thema Digitalisierung und digitale Prozesse bei NAG. Zuvor war er am Zentrum für Europäische Wirtschaftsforschung tätig, wo er bei der wirtschaftspolitischen Beratung Erfahrungen im Designen von effizienten Märkten sammelte. Für ihn steht der interdisziplinäre Ansatz aus Spieltheorie, Behavioral Economics sowie Data Science und Mathematik an oberster Stelle.

Wie bereits erwähnt, haben alle Kollegen unseres Teams zu diesem Buch beigetragen. Wir schulden ihnen unseren Dank, auch wenn wir sie nicht alle namentlich aufführen können. Zwei aber wollen wir doch herausstellen: Katharina Weber, unsere Expertin für bilaterale Verhandlungen mit Monopolisten, ohne die das entsprechende Kapitel nicht so informativ und lebendig ausgefallen wäre, sowie Oliver Mäschle, der als angewandter Spieltheoretiker einer unserer Experten für Wettbewerbsverhandlungen ist und dessen Kenntnisse und Erfahrungen in das entsprechende Kapitel eingeflossen sind.

Der Aufbau des Buches

Wie verhandelt werden muss, hängt in erster Linie von der Ausgangssituation ab. Besteht Konkurrenz unter den Zulieferern? Oder gibt es nur einen Anbieter? Für beide Situationen haben wir optimale Verhandlungsstrategien entwickelt. Wobei, wie die aufgeführten Beispiele aus unserer Praxis belegen, kein Fall dem anderen gleicht, sondern von uns immer spezielle, fallbezogene und doch systematisch hergeleitete Lösungen entwickelt werden. Es geht ausdrücklich nicht darum, das Rad jedes Mal neu zu erfinden, sondern darum, den Verhandlungsprozess konsequent umzusetzen auf Basis unseres System of Negotiations.

In Kap. 2 befassen wir uns zunächst mit der Auftragsvergabe bei Wettbewerb zwischen den Zulieferern. Wir zeigen, wie sich auf Basis dieses Wettbewerbs durch spezielle Auktionsformen und differenzierte Kommunikation optimale Einsparpotenziale generieren lassen. Entscheidend dabei ist die detaillierte, auf den jeweiligen Fall bezogene Vorbereitung des Vergabeprozesses. Dann lässt sich die eigentliche Verhandlung (oder besser Vergabe) in der Regel innerhalb eines Tages zum Erfolg führen, ohne dass sie von der Tagesform der Verhandler oder taktischen Finessen abhängt.

In Kap. 3 behandeln wir die Situation, wenn der Anbieter Monopolist ist. Wir zeigen Wege auf, sodass man seiner Preissetzungsmacht nicht ausgeliefert ist, indem man mit diesem einen Anbieter strukturiert und erfolgreich verhandelt. Am Ende dieses Kapitels zeigen wir noch einen Spezialfall, der uns häufig in der Praxis begegnet: Zwar gibt es für ein Produkt oder eine Dienstleistung mehrere Anbieter, aber der Auftraggeber hat seine Gründe dafür, mit diesen einzeln zu verhandeln. Auch wenn in diesem Fall Auktionen oder ähnliche Mechanismen nicht infrage kommen, haben wir trotzdem einen Weg gefunden, wie sich potenzieller Wettbewerb in solchen Verhandlungen nutzen lässt.

Abschließend stellen wir unsere Überlegungen zu den weiteren Perspektiven und Anwendungsmöglichkeiten zum Thema Verhandlungen vor. Denn unser System of Negotiations ist nicht auf den Einkauf beschränkt, sondern auch auf andere Verhandlungskonstellationen in der Wirtschaft anwendbar, etwa bei Mergers & Acquisitions. Außerdem ist es kein in sich geschlossenes, überzeitliches System, sondern wir entwickeln es zusammen mit unseren Auftraggebern, im Austausch mit anderen Verhandlern und jetzt insbesondere unter dem Einfluss der Digitalisierung weiter. Unser Ziel ist es, einen Wissenstransfer mit allen zu ermöglichen, die sich mit Verhandeln in Theorie und Praxis beschäftigen. Am Ende des Buches haben wir noch ein Glossar mit wichtigen Definitionen aus dem Einkauf und der Spieltheorie zusammengestellt.

Literatur

Der Spiegel (1993) https://www.spiegel.de/spiegel/print/d-9280405.html. Zugegriffen: 19. Febr. 2021

Eckel-Dorna W (2017) Was das „zweitbeste Buch nach der Bibel" über Trump verrät. Manager Magazin. https://www.manager-magazin.de/politik/weltwirtschaft/donald-trump-was-sein-buch-the-art-of-the-deal-ueber-ihn-verraet-a-1131006.html. Zugegriffen: 19. Febr. 2021

Fisher R, Ury W (1981) Getting to yes: Negotiating agreement without giving in. Houghton Mifflin Company, Boston

Trump D, Schwartz T (1987) The art of the deal. Random House, New York

von Neumann J, Morgenstern, O (1944) Theory of Games and Economic Behavior. 60th Anniversary Commemorative Edition. Kassel (Princeton University Press).

Wiek J (2017) Der Krieger. Brandeins https://www.brandeins.de/magazine/brand-eins-wirtschaftsmagazin/2006/erfolg/der-krieger. Zugegriffen: 9. Febr. 2021

Wikipedia, Stichwort José Ignacio López de Arriortúa, https://de.wikipedia.org/wiki/José_Ignacio_López_de_Arriortúa. Zugegriffen: 19. Febr. 2021

Einkaufsverhandlungen unter Wettbewerbsbedingungen

Zusammenfassung

Die Initiierung von Wettbewerb zwischen den Lieferanten bietet die besten Voraussetzungen für ein optimales Verhandlungsergebnis. Die Hauptarbeit des Einkaufs liegt dabei in der Vorbereitung der Verhandlung. Um das beste Preis-Leistungsangebot zu erzielen, muss er unseren Erfahrungen zufolge erstens Transparenz zwischen den Angeboten herstellen, um sie vergleichen zu können, zweitens ein für diesen Fall spezifisches Verhandlungsdesign auf Basis von Spieltheorie und Verhaltensökonomie ausarbeiten, drittens Verbindlichkeit in den Verhandlungen sicherstellen und viertens den Lieferanten die Regeln des Verhandlungsdesigns so klar kommunizieren, so dass sie diese verstehen. Dann sollte die Verhandlung selbst in der Regel an einem Tag durchzuführen sein.

2.1 Schwerwiegende und häufige Fehler in konventionellen Einkaufsverhandlungen

Um zu überprüfen, ob die Preise ihrer Lieferanten überzogen sind, setzen viele Unternehmen, wie beispielsweise die deutschen Automobilhersteller, Kostenkalkulatoren ein. Diese sogenannte Referenzkalkulation berechnet für jedes wichtige Bauteil einen angemessenen Preis. Wir beobachten häufig sogar, dass dem Lieferanten in Kostenworkshops explizit vorgerechnet wird, was ein Bauteil kosten darf. Trotzdem bieten nicht alle Lieferanten die Bauteile zu den vorgerechneten Kosten an. Für manche Bauteile weichen die Angebotspreise um 20 bis 80 % von dem rechnerisch plausiblen Preis ab.

Der wichtigste Erfolgsfaktor für Verhandlungen im Einkauf: Wettbewerb
Was ist die Ursache für diese Kostenunterschiede? Stimmen in diesen Fällen die Modelle für die Kostenkalkulation nicht? Hängt der Verhandlungserfolg also von der Güte der Kostenmodelle der Kostenkalkulatoren ab? Empirische Daten aus der Verhandlungspraxis zeigen, dass die Güte der Kostenmodelle nicht ausschlaggebend für den Verhandlungserfolg ist. Vielmehr ist die Anzahl der wettbewerbsfähigen Anbieter je Bauteil der wichtigste Erfolgsfaktor für Verhandlungen (Gupta 2002; Limi 2006; Onur et al. 2012). Der Wettbewerb beeinflusst wesentlich, ob ein plausibler Preis beim Lieferanten durchgesetzt werden kann oder ob ein Bauteil teuer oder sogar überteuert eingekauft werden muss.

Diesen Wettbewerb gibt es nicht, wenn ein Lieferant ein innovatives Produkt anbietet, das durch Patente geschützt ist. Dann besitzt der Lieferant Preissetzungsmacht, und in dieser Monopolsituation wird es in der Regel keinem Einkäufer gelingen einen Preis zu erzielen, den ein Kostenkalkulator vorgerechnet hat. Diese Situation gleicht dem oft angeführten Ultimatumspiel der Spieltheorie mit zwei Parteien (Güth et al. 1982; Anderson et al. 2011). Spieler 1 muss einen Geldbetrag mit Spieler 2 teilen. Akzeptiert dieser den ihm zugewiesenen Anteil, wird der Gesamtbetrag entsprechend auf beide Spieler aufgeteilt. Lehnt Spieler 2 jedoch ab, gehen beide leer aus. Das heißt, der seinen Nutzen maximierende Spieler 1 gebraucht seine Macht so, dass er Spieler 2 nur einen geringen Anteil gibt, da er weiß, dass dieser den ihm zugewiesenen Betrag annehmen muss, weil er ansonsten nichts erhält.

Eine ähnliche Situation besteht, wenn ein Lieferant durch den Fachbereich des einkaufenden Unternehmens gesetzt ist. Das passiert in der Praxis häufig, obwohl alternative Lieferanten grundsätzlich verfügbar sind. Dies kann verschiedene Gründe haben, am häufigsten dürfte es Bequemlichkeit sein: Mit diesem Zulieferer hat der Fachbereich seit Jahren zusammengearbeitet und dabei haben sich – durchaus auch effiziente – Arbeitsroutinen eingestellt. Diese Effizienzgewinne sollten bei der Vergabe auch berücksichtigt werden, dazu später mehr. Allerdings gefährdet eine zu frühe Festlegung auf diesen Lieferanten die erzielbaren Preise: Bei diesen „hausgemachten" Monopolen ist es also ebenfalls unwahrscheinlich, dass der Lieferant einen Preis anbietet, der aufgrund der Kostenkalkulation plausibel ist. Denn der Einkauf hat in einer solchen Situation eine sehr schlechte Verhandlungsposition. Der Lieferant besitzt quasi Preissetzungsmacht.

Wenn der Einkauf dagegen die Möglichkeit hat, aus mehreren konkurrierenden Lieferanten auszuwählen, hat er eine hohe Verhandlungsmacht und gute Chancen, die Preise auf ein plausibles Niveau zu drücken. Der Grund dafür ist einfach: Jeder Lieferant hat einen Anreiz, seine Wettbewerber marginal zu unterbieten, um sich das Geschäft zu sichern. Dies gilt so lange, bis ein Preisniveau erreicht wird, das aus Sicht der Lieferanten nicht mehr attraktiv ist. Folglich können bei Wettbewerb in der Regel deutlich bessere Preise erzielt werden (Gupta 2002; Limi 2006; Onur et al. 2012).

Selbst verursachter, eingeschränkter Wettbewerb
Der größte verhandlungstaktische Fehler ist deshalb der Verzicht auf Wettbewerb unter potenziellen Lieferanten. Das kann mehrere Gründe haben, etwa Vorgaben des Fachbereichs, die Zielerreichung des Einkaufs oder Risikoaversion. In Unternehmen, in denen der Einkauf einen geringen internen Stellenwert hat, ist der fehlende Wettbewerb oftmals das Ergebnis der Vorgaben des Fachbereichs, d. h. des internen Kunden.

Fachbereiche stellen sich die Arbeitsteilung mit dem Einkauf gerne folgendermaßen vor: Der Fachbereich wählt den Lieferanten und das optimale Produkt aus, anschließend verhandelt der Einkauf den Preis. In dieser Situation verfügt der Einkauf in den Verhandlungen mit dem Lieferanten oftmals über keinerlei Freiheitsgrade. Als Folge ist der Einkauf dem Lieferanten ausgeliefert, weil ein erfolgreicher Verhandlungsabschluss die einzig zulässige Option ist. Der Einkauf hat in dieser Situation nur wenig Verhandlungsmacht und erzielt in der Regel schlechte Verhandlungsergebnisse.

In vielen Fällen ist die Einschränkung des Wettbewerbs aber auch durch den Einkauf selbst verursacht. Einkäufer müssen in der Regel kurzfristige und ergebnisrelevante Einsparungen erzielen, wenn sie ihre Ziele erreichen wollen. Diese Savings sind besonders einfach sicht- und messbar, wenn bestehende langfristige Verträge nachverhandelt werden. Wenn bei diesem Seriengeschäft Kostenreduktionen erzielt werden, sind diese einfach nachzuweisen und lassen sich direkt den Zielen des Einkäufers zurechnen. Aber ein Lieferant, der aktuell kein Seriengeschäft besitzt, kann natürlich auch keine Savings auf das Seriengeschäft anbieten. Das führt oftmals dazu, dass selbst bei der Vergabe von Neugeschäft neue Lieferanten nicht ernsthaft für eine Nominierung in Betracht gezogen werden. Dieser Effekt ist zudem selbst verstärkend. Je mehr Seriengeschäft ein Bestandslieferant hält, desto wahrscheinlicher ist es aufgrund der Anreizstruktur des Einkäufers, dass er auch für Neugeschäft nominiert wird. Steuert die gesamte Einkaufsabteilung hier nicht bewusst dagegen, werden potenzielle Lieferanten ohne Bestandsgeschäft irgendwann nicht mehr an Neuvergaben teilnehmen, da die Erfolgsaussichten zu gering sind. So entsteht eine Situation, in der innerhalb einer Warengruppe ein Lieferant oder wenige Lieferanten eine klare Vormachtstellung haben. Der Wettbewerb kommt dann zum Erliegen, mit der Folge schlechter Verhandlungsergebnisse.

Eine weitere Ursache für fehlenden Wettbewerb ist Risikoaversion. Das bedeutet, dass sich bei zwei Alternativen, die den gleichen Wert erwarten lassen, eine risikoaverse Person für die Option entscheiden wird, bei der es weniger Unsicherheit gibt. Risikoaversion kann durchaus wie eine rationale Reaktion wirken. Dazu ein Beispiel: Ein Lenkrad soll zugekauft werden für ein Auto. Zulieferer A ist bekannt, erhält er das Geschäft, erwartet man zu 100 % eine Wertschöpfung von 1 Mio. EUR. Zwar bietet Zulieferer B so günstige Preise, dass eine Wertschöpfung von 2 Mio. EUR mit einer Wahrscheinlichkeit von 99 % zu erwarten ist, aber mit 1 % Wahrscheinlichkeit schädigen Probleme mit dem Finish und der Bedienung den Gesamteindruck, sodass sich das Auto mit 5 Mio. schlechter verkauft. Dieser vergleichsweise kleine Impact führt dazu, dass bei Zulieferer B immer noch fast 2 Mio. EUR Wertschöpfung entstehen[1], also fast doppelt so viel wie bei Zulieferer A. Trotzdem würde kaum ein Einkäufer ein solches Risiko bewusst eingehen. Denn für die meisten Menschen spielt nicht nur der strikte Erwartungswert, sondern auch die Varianz des betrachteten Ereignisses eine Rolle. Das bedeutet, dass eine Alternative, die mit mehr Unsicherheit verbunden ist, in der Erwartung deutlich wertvoller sein muss, damit man sich dafür entscheidet. Was heißt das für den Einkauf in einer Situation, in der es für fast alle Warengruppen meist nur wenige etablierte Lieferanten gibt, die den größten Anteil an der Warengruppe haben oder die das einkaufende Unternehmen bereits seit vielen Jahren beliefern? Wählt der Einkauf diese Lieferanten aus, macht er sich am wenigsten angreifbar, es gibt wenig zu erwartendes Risiko. Bei einem relativ neuen Lieferanten dagegen ohne lange gemeinsame Historie besteht Unsicherheit über dessen Leistungsfähigkeit, selbst wenn er deutlich bessere Preise oder das technisch beste Konzept anbietet und über hervorragende Kundenreferenzen verfügt.

Deshalb macht sich der Einkauf jedes Mal angreifbar, wenn er eine Entscheidung trifft, die mit Veränderungen einhergeht. Daher kann es ihm politisch opportun erscheinen, immer wieder die gleichen Lieferanten zu nominieren. Das Ergebnis dieser Risikovermeidungsstrategie ist jedoch, dass der Einkauf selbst seine Verhandlungsmacht schwächt und Verhandlungsergebnisse nicht optimal sind. In diesem Zusammenhang spricht man von einem sogenannten Prinzipal-Agenten-Problem (Laffont und Tirole 1993). Zur Erreichung eines Zieles stellt der Prinzipal einen Agenten ein und setzt ihm Anreize, damit er das Ziel für den Prinzipal erreicht. Die Herausforderung für den Prinzipal ist es, diese Anreize so zu setzen, dass der Agent das gleiche Ziel verfolgt wie er selbst. In diesem Beispiel ist das Unternehmen der Prinzipal und der Einkäufer sein Agent.

---

[1] Die genaue Rechnung: 2.000.000 EUR $\times$ 0,99 − 5.000.000 EUR $\times$ 0,01 = 1.930.000 EUR.

Wir beobachten nun oft, dass die Anreize des Agenten, also des Einkäufers, nicht richtig gesetzt sind: Von ihm wird erwartet, dass das Gut problemlos einge-kauft und der Zeitplan eingehalten wird. Tatsächliche Einsparziele gibt es meist nicht, und selbst wenn es diese gäbe: Wie wären sie richtig festzulegen? Die Anreize des Einkäufers sind also oft so gesetzt, dass er sich in ein Risiko begibt, wenn er neue Zulieferer nominiert. Mit unserem System of Negotiations wirken wir dem entgegen, indem die in Frage kommenden Zulieferer bereits vor dem Tag der Vergabe bewertet und von allen Fachbereichen freigegeben werden müs-sen. So wird der Einkäufer von einem Risiko befreit und er kann bei der Vergabe den Wettbewerb wirken lassen ohne Sorge, dass er einen Zulieferer nominiert, bei dem beispielsweise die Technik nach der Nominierung Beschwerden anmeldet.

Wenn es an der Vergleichbarkeit der Angebote mangelt
Suboptimale Verhandlungsergebnisse sind häufig auch bedingt durch die fehlende Vergleichbarkeit der angebotenen Bauteile oder Dienstleistungen. Das ist kein Zufall, sondern in der Regel von den Lieferanten gewollt. Sie differenzieren ihre Produkte, um ihre Gewinne zu maximieren, man spricht auch von horizontaler Produktdifferenzierung (Tirole 1988). In modernen Einkaufsorganisationen ist die Auswahl eines Lieferanten in der Regel eine bereichsübergreifende Entscheidung. Der Einkauf und die involvierten Fachbereiche wählen gemeinsam einen Liefe-ranten aus. Wir beobachten allerdings häufig, dass zur Herleitung einer solchen crossfunktionalen Entscheidung Scoring-Modelle verwendet werden. Dabei wird z. B. die Qualität eines Bauteils mit Punkten von 1 bis 10 oder mit Schulnoten bewertet. Dieses Scoring soll zusammen mit den Angebotspreisen der Lieferanten deren Preis-Leistungs-Verhältnis bewerten (Che 1993).

Diese weit verbreitete Vorgehensweise löst jedoch nicht die Kernfrage: Um wie viel Euro muss ein Lieferant günstiger sein, der einen schlechteren qualitativen Score hat? In der Diskussion über die Auftragsvergabe wird sich der Fachbereich sehr wahrscheinlich für den qualitativ besten Lieferanten stark machen – unabhän-gig von der Preisdifferenz zwischen den Lieferanten. Der Einkauf dagegen möchte den preislich interessantesten Zulieferer nominieren. Was bedeutet das? Entschei-det man sich auf Basis des Preises oder der Schulnote? Oder nimmt man einen Lieferanten dazwischen, der weder den günstigsten Preis noch die beste Qualität liefert? Nach solchen Bewertungen beginnen die Diskussionen also wieder von vorn und letztlich entscheidet das Bauchgefühl über die Nominierung des Zuliefe-rers. Das Scoringmodell bietet also nur eine sehr ungenügende Bewertungslogik, weil das Verhältnis zwischen Scoringpunkten und Preisen nicht eindeutig festge-legt ist. Qualitativ hochwertige und erfahrene Lieferanten werden dieses Verhalten der Fachbereiche bei der Angebotsabgabe berücksichtigen. Als Ergebnis der mangelhaften Vergleichbarkeit des Preis-Leistungs-Verhältnisses der Angebote und der daraus resultieren Unsicherheit müssen die Lieferanten nicht an ihr preisliches Limit gehen, es werden nicht die maximal möglichen Savings erzielt. Studien zeigen, dass es zulasten des Einkaufs geht, wenn Unsicherheit über die Entscheidung einer Einkaufsabteilung besteht, welcher Zulieferer auf Basis monetärer und nicht-monetärer Faktoren nominiert wird (Fugger et al. 2016).

Wenn der Einkauf nicht das volle Commitment für die Verhandlungen hat
Der wahrscheinlich häufigste Verhandlungsfehler moderner Einkaufsorganisationen besteht in fehlendem Commitment. Der verhandelnde Einkäufer ist in der Regel gar nicht der Entscheidungsträger, sondern die Verhandlung von Preisen und die Freigabe von Verhandlungsergebnissen werden von unterschiedlichen Parteien durchgeführt. Das schwächt die Verhandlungsmacht des Einkäufers deutlich. Nach unserer Erfahrung sieht der übliche Verhandlungsprozess bei den meisten Unternehmen folgendermaßen aus: Im ersten Schritt verhandelt der Einkäufer mit einem bzw. mehreren Lieferanten einen Preis, Dann stellt er die Verhandlungsergebnisse in einem Managementgremium vor. Dieses Gremium kann sich entweder aus dem Einkauf zusammensetzen oder auch bereichsübergreifend sein und das entscheidet dann, welcher Lieferant nominiert wird.

Das Problem bei dieser Konstellation ist aus verhandlungtaktischer Sicht, dass erstens der Lieferant nur geringe Anreize hat, den Wünschen des Einkäufers in den Verhandlungen entgegenzukommen. Denn der Einkäufer kann dem Lieferanten keine verbindlichen Zusagen machen. Der Einkäufer kann ihm lediglich versprechen, dass er dessen Angebote dem Gremium empfehlen wird. Es ist jedoch erstens unklar, ob das Gremium dieser Empfehlung folgen wird. Zweitens bestehen Zweifel an der Glaubwürdigkeit des Einkäufers, dass er im Falle einer Preisreduktion des Lieferanten sich tatsächlich für dessen Nominierung aussprechen wird (Fugger et al. 2016). Denn sollte dieser Lieferant nicht nominiert werden, könnte der Einkäufer sich hinter der Entscheidung des Gremiums verstecken. Der Einkäufer hätte somit die Möglichkeit, eine Vielzahl von Lieferanten zu täuschen, indem er ihnen gleichzeitig fälschlich eine Nominierung in Aussicht stellt.

Der Lieferant hat also nur geringe Anreize, Preise zu reduzieren oder andere Konditionen zu verbessern, solange er die entscheidungsrelevanten Kriterien des Gremiums nicht kennt. Zudem besteht für ihn die Gefahr, dass der Einkäufer vom Gremium nicht die Freigabe für das Verhandlungsergebnis erhält. In diesem Fall würden weitere Verhandlungsrunden mit einer gegebenenfalls höheren Hierarchieebene des Einkaufs anstehen. Um in so einer Eskalationsverhandlung kooperativ sein zu können, wird der Lieferant in frühen Verhandlungsphasen Preispuffer zurückhalten. Denn er muss auch in späteren Verhandlungsrunden noch reagieren können. Somit wäre es aus seiner Sicht dumm, im Prozess zu früh „die Hosen runter zu lassen". Das heißt, allein durch das falsche Design setzt man den Zulieferern Anreize, die Preise nicht zu stark zu reduzieren.

Entscheidend: Die richtige Vorbereitung der Verhandlung

Der wahrscheinlich wichtigste Erfolgsfaktor in einer Preisverhandlung ist aus den genannten Gründen daher nicht die Verhandlungsführung selbst, sondern die Vorbereitung der Verhandlung, die einige Wochen oder sogar Monate vor der eigentlichen Verhandlung beginnen sollte. Wir erklären das unseren Kunden meist so, dass 80 % der Einsparungen durch eine gute Vorbereitung erreicht werden. Darin muss vor allem sichergestellt werden, dass die erwähnten „hausgemachten" Probleme, wie Monopolsituationen, Unsicherheit oder Designfehler verhindert werden. Dies ist eine Herausforderung für den Einkauf, weil Fachbereiche branchenübergreifend starke Anreize haben, ihre bevorzugten Lieferanten durchzusetzen. Da die Fachbereiche in der Regel keine oder nur geringe Anreize zum Sparen haben, bevorzugen sie bewährte Lieferanten. Dies reduziert für den Fachbereich Risiken und Mehraufwand. Es ist daher die Aufgabe des Einkaufs in der Verhandlungsvorbereitung, die Wünsche des Fachbereichs kritisch zu hinterfragen und dessen Kostensensibilität zu schärfen.

In der Praxis kommt es in Wettbewerbsverhandlungen oftmals zu einer Vielzahl von Verhandlungsrunden. Nach einer ersten Preisabgabe im Zuge des Request for Quote (RfQ, einer Anfrage für verbindliche Preise) werden diejenigen Lieferanten, die nicht den günstigsten Preis anbieten, mit dem Bestpreis konfrontiert und um eine Verbesserung ihres Angebots gebeten. Dieses Prozedere wird so lange wiederholt, bis keine weiteren Preissenkungen mehr erzielt werden können. Dadurch kann sich der Verhandlungsprozess bei diesem herkömmlichen Vorgehen nach unserer Beobachtung oftmals über viele Wochen hinziehen und eine Vielzahl von Terminen mit den Lieferanten erforderlich machen.

Häufige Fehler bei Auktionen

Auktionen ermöglichen demgegenüber einen effizienteren Verhandlungsprozess. Die vielen Iterationsschritte der Verhandlung finden dann nicht über mehrere Wochen oder sogar Monate statt. Stattdessen werden wir sehen, dass der Verhandlungstag, wenn er akribisch vorbereitet ist, und die Vergabe selbst durch Auktionen oftmals an einem Tag abgeschlossen werden können. Mit dem zunehmenden Trend zur Digitalisierung im Einkauf setzen immer mehr Unternehmen auf onlinebasierte E-Auctions (Hartley et al. 2004). In der Praxis werden bei der

Anwendung von Auktionen jedoch häufig schwerwiegende Fehler begangen. Ein typischer Fehler bei der Durchführung dieser Art von Auktionen ist die fehlende Verbindlichkeit. Die E-Auction wird oftmals nicht als verbindlicher letzter Schritt im Verhandlungsprozess gewählt, sondern lediglich als Ersatz für eine Verhandlungsrunde. Das hat zur Folge, dass der Sieger einer E-Auction nicht zwingend für das verhandelte Business nominiert wird. Sind sich die Teilnehmer der Auktion jedoch bewusst, dass das Gewinnen der Auktion nicht zwingend einen Vorteil bei der Nominierungsentscheidung mit sich bringt, entfaltet die E-Auction keine Anreize, die Preise zu reduzieren. Die Zulieferer würden sich schließlich nur selbst schaden, wenn sie ihre Preise verbessern ohne direkte Aussicht auf ein Ende der Verhandlungen.

Ein weiterer weit verbreiteter Fehler bei der Anwendung von Auktionen ist die fehlende Vergleichbarkeit der Anbieter. Die Produkte der teilnehmenden Lieferanten unterscheiden sich nicht nur im Preis, sondern auch in einer Vielzahl anderer, qualitativer Dimensionen, z. B. den technischen Konzepten. Bei einer Auktion unter solchen Bedingungen entsteht ein verzerrtes Bild. Um sicherzustellen, dass man nicht Äpfel mit Birnen vergleicht, muss man eine monetäre Bewertung der qualitativen Unterschiede vornehmen. Dies findet in der Praxis oftmals aus Bequemlichkeit oder mangels geeigneter Konzepte zur monetären Bewertung nicht statt. Dann kann die Auktion kein sinnvolles Ergebnis liefern. Gerade wenn ein Anbieter weiß, dass nur der Preis gilt und nichtmonetäre Aspekte gar nicht oder nur bedingt berücksichtigt werden, kann er die Situation zu seinem Vorteil ausnutzen.

In vielen Fällen werden Auktionen auch missbraucht, um Wettbewerb unter den Lieferanten vorzutäuschen. Eine Auktion wird mit nur einem Lieferanten durchgeführt, dem suggeriert wird, dass der Wettbewerb ausgesetzt ist. Dieses Vorgehen kann sogar kurzfristig erfolgreich sein, richtet aber langfristig Schaden an. Findet der Lieferant später heraus, dass er der einzige Teilnehmer einer Auktion war, wird er bei künftigen Auktionen verdächtigen, wieder nur der einzige Teilnehmer zu sein. So kann es passieren, dass der Lieferant in Zukunft wesentlich weniger aggressiv in Auktionen auftritt. Der Missbrauch von Auktionen, um Wettbewerb vorzutäuschen, beschädigt langfristig die Reputation von Auktionen selbst. Damit eine Auktion ein optimales Verhandlungsergebnis liefert, muss das Regelwerk fallspezifisch entwickelt werden und vollständig sein. So sollte das Regelwerk nicht die implizite Kollusion der Lieferanten fördern. Wenn nur zwei Lieferanten zueinander in Wettbewerb stehen, sollte man nicht den Vergabegegenstand auf zwei Pakete aufteilen. Andernfalls ist zu erwarten, dass die Lieferanten sich das Geschäft untereinander aufteilen, ohne nennenswerte preisliche Zugeständnisse machen zu müssen.

Fazit

Wettbewerbsverhandlungen bieten die besten Voraussetzungen für den Einkauf, um hervorragende Ergebnisse zu erzielen. Dazu ist allerdings eine methodisch korrekte Umsetzung in der Praxis erforderlich. Das beinhaltet erstens eine Verhandlungsvorbereitung, die sicherstellt, dass der Wettbewerb entfacht und nicht frühzeitig ein bevorzugter Lieferant durch den Fachbereich ausgewählt wird. Zweitens muss bei der Durchführung einer Wettbewerbsverhandlung darauf geachtet werden, dass die Verhandlung selbst möglichst effizient und zeitsparend über die Bühne geht. Drittens gilt es, die Wettbewerbsverhandlung methodisch sauber durchzuführen, um kostspielige Fehler zu vermeiden und ein möglichst gutes Ergebnis zu garantieren. Dazu muss die monetäre Vergleichbarkeit zwischen den Angeboten gewährleistet sein. Und viertens sollte die Autorität des Einkaufs in den Verhandlungen nicht unter fehlendem Commitment leiden. Im folgenden Kapitel zeigen wir anhand eines Beispiels aus unserer Praxis, wie ein bis dahin privilegierter Anbieter durch ein mehrstufiges Verfahren Wettbewerbsbedingungen ausgesetzt und zu erheblichen Preiszugeständnissen gebracht wurde.

2.2   Fallstudie: Was eine Wettbewerbsverhandlung an Einsparungen bringt

Das Einkaufsteam für Dienstleistungen eines großen deutschen Automobilherstellers beobachtete mit Misstrauen die Preispolitik des Hauptlieferanten für Marketing, Material und Logistik. Über mehrere Jahre hinweg konnten die Einkäufer trotz steigender Mengen keine Preisreduktion aushandeln. Tatsächlich hatte der Lieferant sogar die Preise einzelner Highrunner-Produkte deutlich erhöht. Dabei ging es keinesfalls um Peanuts, sondern um ein Auftragsvolumen in Höhe von 50 Mio. EUR.

Das Problem: Der frühere Inhouse-Lieferant nutzte seine privilegierte Stellung, um überhöhte Preise durchzusetzen
In einem ersten Schritt besprach das Einkaufsteam das Verhalten des Lieferanten mit den firmeninternen Abnehmern. Dabei stellte sich heraus, dass sich keiner der zwölf Fachbereiche zuständig fühlte. Sie waren unabhängig voneinander und zum Teil auch auf unterschiedliche Standorte verteilt. So hatte kein Fachbereich ein Kostenbewusstsein für diesen Lieferanten entwickelt, mit der Folge eines nur laxen Monitorings. Das Verhältnis zwischen den Fachbereichen und dem Lieferanten war zudem noch aus der Vergangenheit geprägt, als dieser ein

Inhouse-Anbieter war. Der vertrauensvolle und kollegiale Umgang wurde von den Fachbereichen nach dem Outsourcing einfach fortgesetzt. Deshalb hatte der Einkauf den Verdacht, dass der ehemalige Inhouse-Lieferant diese privilegierte Beziehung zu seinem Vorteil ausnutzte.

Der Einkauf wollte nun die Preise im Zuge eines RfQ durch den Markt überprüfen. Es stellte sich jedoch schnell heraus, dass die Fachbereiche weder die Spezifikationen formulieren noch die erwarteten Bedarfe sinnvoll herleiten konnten. Daher war der Einkauf auf die Mithilfe des Bestandslieferanten bei der Ausarbeitung der RfQ-Unterlagen angewiesen. Erwartungsgemäß führte sich dieser nicht selbst zur Schlachtbank, er nahm sogar Manipulationen an den für die Ausschreibung erforderlichen Daten vor. Zum Beispiel bauschte er die Größe einzelner Marketingmaterialien auf, um Wettbewerbern einen Nachteil bei den kalkulierten Verpackungs- und Transportkosten aufzuerlegen. So nahmen die Ausmaße eines simplen Brieföffners mit dem Logo des Automobilherstellers in den ersten RfQ-Unterlagen die Größe eines Golfschlägers an. In zeitraubender Detailarbeit mussten die Fachbereiche und der Einkauf die Spezifikationen der einzelnen Produkte korrigieren. Bei den Bedarfen mussten sie jedoch weiterhin von systematischen Fehlern ausgehen, die sich nur bedingt korrigieren ließen, denn die Bedarfe konnten durch die Fachbereiche nicht mehr hergeleitet werden und es war nicht klar, ob auch hier Manipulationen stattgefunden hatten. Nach dem RfQ führte der Einkauf Vorverhandlungen mit einem konkurrierenden Lieferanten, doch dessen Preise waren noch nicht wettbewerbsfähig. Das lag unter anderem daran, dass der erfahrene Lieferant eben jenen prognostizierten Bedarfsmengen nicht traute und daher einige Risikopuffer eingepreist hatte, um eventuelle Unschärfen einfangen zu können.

Unsere Aufgabe: Vorbereitung der Verhandlung und Ausarbeitung eines fallspezifischen Verhandlungsdesigns

In dieser Situation wurden wir als externe Berater hinzugezogen. Wir sollten durch einen spieltheoretischen Verhandlungsansatz Chancengleichheit für die potenziellen Lieferanten sicherstellen, um einen wirklichen Wettbewerb zu entfesseln. Die größte Herausforderung für die Entwicklung eines geeigneten Verhandlungsdesigns war der Informationsvorteil des Bestandslieferanten. Nur er wusste, welche Teilenummern tatsächlich Ladenhüter und welche Highrunner waren. Die Mengenangaben für die Berechnung des Business Case waren somit zumindest suspekt. Wie ließ sich der Informationsnachteil des Herausforderers und die Unsicherheit bezüglich des Mengengerüsts reduzieren?

Unser Verhandlungsdesign: zweistufiges Verfahren mit Stop-now-Button
Generell lässt sich das Problem asymmetrischer Information durch ein Verhandlungsdesign mit detaillierter Informationsrückspiegelung verringern. In einer Vorphase erhielten deshalb beide Lieferanten Informationen über ihren jeweiligen Abstandspreis je Teilenummer zum Minimumpreis in Form von Abstandsintervallen. Lag der Abstand zum Minimumpreis beispielsweise bei sieben Prozent, bekam der betroffene Lieferant das Feedback, sein Abstand zum Minimumpreis liege zwischen fünf und zehn Prozent. Der Lieferant, der den Minimumpreis angeboten hatte, wurde informiert, dass sein Abstand zum Minimumpreis weniger als fünf Prozent beträgt. Durch diese Abstandsintervalle war auch der Lieferant mit dem Minimumpreis unsicher über seinen tatsächlichen Rang. Dadurch ist das Informationsfeedback für einen abgeschlagenen Lieferanten wertvoller als für den führenden Lieferanten.

Dies war in diesem Verhandlungsdesign auch beabsichtigt, denn gerade wenn die Preisdifferenz durch unterschiedlich gut informierte Bieter zustande kommt, kann der weniger gut informierte Bieter etwas lernen. Nehmen wir beispielsweise an, der informierte Bieter A ist 15 % günstiger als der uninformierte Bieter B. Bieter B bekommt nun diese Information zurückgespielt. Sein Angebotspreis setzt sich zusammen aus seinen Kosten, die er kennt, und Faktoren, über die er schlechter informiert ist als Bieter A. Gerade bei Gütern, bei denen es nicht viel Innovation gibt wie bei standardisierten Marketingmaterialien, ist davon auszugehen, dass die Zulieferer gut über die eignen Kosten, aber auch die der Konkurrenz Bescheid wissen. Große Unterschiede im Preis, die nicht durch diese Kosten verursacht sind, müssen also für Bieter B durch bessere Informationen von Bieter A begründet sein. Somit kann Bieter B etwas von Bieter A lernen durch die Informationsrückspiegelung des Abstands der Gebote. Der Charme dabei ist: Bieter A hat trotzdem einen Anreiz, einen guten Preis im Prozess abzugeben, da er nur so den besseren Rang gewinnen kann.

Für den eigentlichen Verhandlungsprozess wählten wir ein zweistufiges Verfahren. In einer ersten Stufe planten wir für jede einzelne Teilenummer eine Englische Ticker-Auktion, die, anders als bei einer Versteigerung von Kunstwerken, im Einkauf mit einem relativ hohen Preis beginnt, der dann so lange reduziert wird, bis er nur noch von einem Lieferanten akzeptiert wird. Dadurch würden zum einen wertvolle Informationen auf Ebene der Teilenummern erzielt. Zum anderen sollte die Performance der Lieferanten mit einem Scoringsystem bewertet werden: Für jede gewonnene Teilenummer-Auktion würden sie einen Punkt (ohne Mengengewichtung) erhalten. Der Lieferant mit den meisten Punkten am Ende von Stufe 1 würde dann mit einem sogenannten Stop-now-Button für

Phase 2 belohnt (siehe unten). Durch dieses Design, verbunden mit dem Informationsfeedback vor Beginn der Verhandlung, sollte der Herausforderer einen detaillierten Eindruck von der Kalkulation des Bestandslieferanten erhalten und so erfahren, welche Teile der Bestandslieferant aggressiv bepreist und welche nicht. Diese Informationen waren für den Herausforderer besonders wertvoll, weil sie, wie erklärt, manipulationsfreie Rückschlüsse auf die Kalkulation des Bestandslieferanten zuließen.

In Stufe 2 sollte erneut eine Englische Ticker-Auktion zwischen den beiden Lieferanten stattfinden, diesmal jedoch nicht auf Ebene der Teilenummern, sondern auf Ebene des gesamten Business Case über die gesamte Vertragslaufzeit. Dabei sollte der Lieferant mit den meisten Punkten aus Phase 1 zudem das Privileg des Stop-now-Buttons haben. D. h. er erhält zusätzlich ein Preisangebot, ausgehend von einem relativ aggressiven, niedrigen Ausgangspunkt, das dann parallel zu jeder Runde der Englischen Ticker-Auktion erhöht wird. Diesen Stop-now-Button kann man als eine Holländische Auktion interpretieren (parallel zu der Englischen), an der aber nur der Inhaber des Stop-now-Buttons teilnimmt. Das Kalkül dahinter: Die fallenden Preise der Englischen Auktion und die steigenden Preise des Stop-now-Buttons werden sich schrittweise im Zuge der Verhandlung annähern. Für den Lieferanten hat das Drücken des Stop-now-Buttons also dann Sinn, wenn er erwarten muss, dass die Dynamik der Englischen Ticker-Auktion so stark ist, dass der Preis des Stop-now-Buttons unterschritten wird.

Die Verhandlung: starker Wettbewerbsdruck

Bereits vor dem finalen Verhandlungstag war die Anspannung des Bestandslieferanten deutlich zu spüren. Er zeigte dem Einkaufsteam Fotos von Mitarbeitern, die er entlassen müsste, sollte er sein Geschäft verlieren. Der Bestandslieferant machte mehr als 90 % seines Umsatzes mit seinem ehemaligen Mutterkonzern, er war auf das laufende Bestandsgeschäft angewiesen und machte das auch deutlich. Umgekehrt war auch der Herausforderer ehrgeizig und wollte unbedingt Neugeschäft gewinnen. Er war um ein Vielfaches größer als der Bestandslieferant und brachte seinen Kampfgeist deutlich zum Ausdruck: Er kündigte an, dass die Verhandlungen „blutig" werden würden.

Das starke Wettbewerbsdenken spiegelte sich im Bieterverhalten deutlich wider. In Stufe 1 gewann der Bestandslieferant die Mehrzahl der Auktionen auf der Ebene der Teilenummern und sicherte sich somit den Stop-now-Button. Bereits in dieser Phase konnten gegenüber den konventionellen Verhandlungen zuvor Ersparnisse in Höhe von 25 % erzielt werden. Bei dem Umsatzvolumen in Höhe von 50 Mio. EUR entsprach das 12,5 Mio. EUR. Unser Kunde war, wie man sich vorstellen kann, bereits nach Stufe 1 ganz aus dem Häuschen.

In Stufe 2 setzte sich die Preisreduktion weiter fort. In der Englischen Ticker-Auktion auf Business-Case-Ebene wurden zahlreiche Angebotspreise von beiden Lieferanten akzeptiert. Gleichzeitig wurde nur dem Bestandslieferanten in jeder Auktionsrunde zusätzlich der Stop-now-Button angeboten. Er erhielt also in jeder Runde zwei Preise mitgeteilt. Während der Preis bei der Auktion schrittweise fiel, wurde der Angebotspreis des Stop-Now-Buttons, wie zuvor kommuniziert, in jeder Runde erhöht. Nach acht Runden hatten sich die Angebotspreise der Englischen Auktion und des Stop-now-Buttons auf circa sechs Prozent angenähert. In dieser Runde schlug der Bestandslieferant zu und akzeptierte den Preis des Stop-now-Buttons. Dadurch wurden zusätzliche Ersparnisse in Höhe von 20 % erzielt. Insgesamt betrug die Reduzierung der Kosten in der eintägigen Verhandlung 45 %, eine Kostenreduktion von 22,5 Mio. EUR.

Fazit
Mit dieser drastischen Einsparung war unser Kunde natürlich sehr zufrieden. In diesem speziellen Fall bestand die Lösung in einem Verhandlungsdesign mit intensivem Informationsfeedback und besonderen Spielarten von Englischen Auktionen. Dieses Design war für den vorliegenden Fall ideal. Es lässt sich jedoch nicht einfach auf andere Situationen übertragen, etwa wenn ein Lieferant einen klaren technologischen oder kostenseitigen Wettbewerbsvorteil besitzt. Ein optimales Verhandlungsdesign muss auf die jeweilige spezielle Situation zugeschnitten sein.

2.3 BATNA – die beste Alternative, sollte die Verhandlung scheitern

In diesem Buch wird immer wieder von BATNA, der *Best Alternative to a Negotiated Agreement,* die Rede sein. Das BATNA spielt in der Spieltheorie genauso wie in der Praxis eine wichtige Rolle, denn es ist in jeder Situation von Vorteil, sich mit einem möglichen „Worst Case" auseinanderzusetzen. Dabei spielt es keine Rolle, ob eine vollumfängliche spieltheoretische Vergabe angestrebt wird, oder ob eine kleinere, vielleicht sogar unwichtige Nachverhandlung stattfindet.

Mit BATNA (oder auch „Outside Option") ist die beste Alternative zum aktuellen Verhandlungsprozess gemeint, sollte die Verhandlung scheitern. Das BATNA-Konzept hatten erstmals Roger Fisher und William Ury in ihrem schon zitierten Buch vorgestellt (Fisher und Ury 1981). Es ist deshalb so wichtig, weil es den Verhandler diszipliniert, sich diesen drei Fragen zu stellen: Was ist meine Alternative, sollte ich mich nicht einigen können? Was ist das Mindestergebnis der Verhandlung, mit dem ich mich zufriedengeben würde? Welche Verhandlungsmacht besitze ich in der Verhandlung?

Was ist die Alternative, sollte man sich nicht einigen können?
Was geschieht, wenn die Verhandlung zu scheitern droht? Möglicherweise ist sich ein Zulieferer seiner Sache so sicher, dass er überhaupt nicht auf die Forderungen des Einkaufs eingehen möchte und es ablehnt, an einer strukturierten Wettbewerbsvergabe teilzunehmen. Er ist nur dazu bereit, seinen letzten Preis beziehungsweise seine letzten Spezifikationen abzugeben. Wenn weitere Lieferanten zur Verfügung stehen, also im Falle von Wettbewerb, ist das BATNA mit diesem Lieferanten meist recht klar: Die Vergabe wird durchgeführt und der Lieferant wird mit seinem Angebot „mitgezogen", das heißt es wird als Fallback und Gebot in einer Auktion verstanden. Das bedeutet für den Lieferanten jedoch, dass er nicht vom Informationsfeedback im Prozess profitieren wird. Beide Seiten verlieren also etwas, der Einkauf einen Wettbewerber, der Zulieferer einen wertvollen Einblick in den aktuellen Markt.

Bei einer bilateralen Verhandlung ist die Situation häufig weniger klar. Hier muss sich der Einkauf überlegen, welchen Impact das Scheitern der Verhandlung hätte. Für beide Fälle sollte aber ein Business Case erstellt werden: Was kostet es, auf den Zulieferer notfalls zu verzichten oder auf seinen festen Katalogpreis zurückzufallen? Denn dann verfügt man über eine Zahl, an der man sich orientieren kann. So wird man nicht vom Zulieferer überrumpelt.

Was ist das gerade noch zufriedenstellende Ergebnis der Verhandlung?
Diese Zahl ist das Mindestergebnis der Verhandlung. Geht es nur um den Preis, spricht man auch von Reservationspreis. Denn natürlich sollte man sich durch eine Verhandlung nicht schlechter stellen als ohne diese Verhandlung. Über BATNA nachzudenken hilft also den Punkt zu klären, ab dem ein Verhandlungsprozess nicht mehr zielführend ist. Ist es ab einem bestimmten Einkaufspreis nicht mehr profitabel, ein Produkt herzustellen, ist dieser Preis das BATNA: Ein höherer Preis kann nicht akzeptiert werden. Diesen im Vorfeld zu bestimmen ist auch deshalb wichtig, weil der Einkauf sich natürlich gegenüber dem Management rechtfertigen muss, wenn die Verhandlungen scheitern. Und dabei nützt ein sorgfältig recherchierter Business Case.

Wer besitzt die Verhandlungsmacht in der Verhandlung?
Ist dieser Zulieferer nur einer von vielen und lässt sich deshalb relativ leicht substituieren, hat er keine Verhandlungsmacht. Dann muss man sich nicht unbedingt

mit ihm einigen, notfalls sourct man woanders. Ist er allerdings der einzige sinnvolle Zulieferer für ein Produkt, etwa weil bei alternativen Anbietern die Logistik eine Hürde darstellt, wird der Business Case aufzeigen, dass man ihm mehr Spielraum einräumen muss. Aber selbst bei Wettbewerb sollte man langfristige Konsequenzen nicht außer Acht lassen: Hat man selbst in einem Markt eine überragende Stellung oder ist zumindest einer der größeren Player, sollte man nicht vergessen, dass man sich langfristig einen Monopolisten schaffen kann, wenn dieser alle Aufträge bekommt und die anderen Zulieferer leer ausgehen und irrelevant werden. Auch diesen gilt es bei der Erstellung des Business Case zu beachten.

ZOPA: Zone of Potential Agreement
Natürlich muss man damit rechnen, dass auch eine gut vorbereitete Gegenseite eine BATNA-Betrachtung der Situation durchgeführt hat. Dementsprechend wir ein Zulieferer Grenzen gezogen haben, die er in der Verhandlung nicht übertreten darf, etwa seine eigenen Produktionskosten. Dann ergibt sich ein Bild wie in Abb. 2.1. Die akzeptablen Ergebnisse von Zulieferer und Einkauf überlappen sich. Diese Zone nennen Fisher und Ury die ZOPA: *Zone of Potential Agreement*. Stellt sich dagegen ein Bild wie in Abb. 2.2 ein, wird keine Einigung zu erreichen sein, es gibt keine ZOPA.

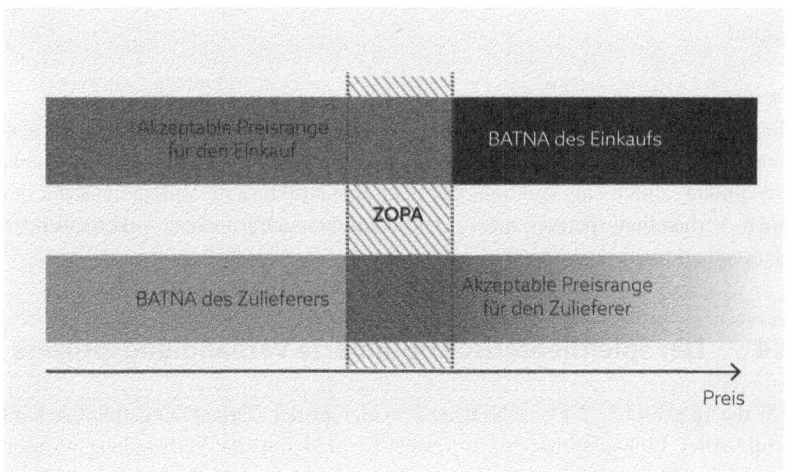

Abb. 2.1 Die potentielle Einigungszone – Die akzeptable Preisrange des Einkaufs und des Zulieferers überlappen sich, es existiert eine *Zone of Potential Agreement*

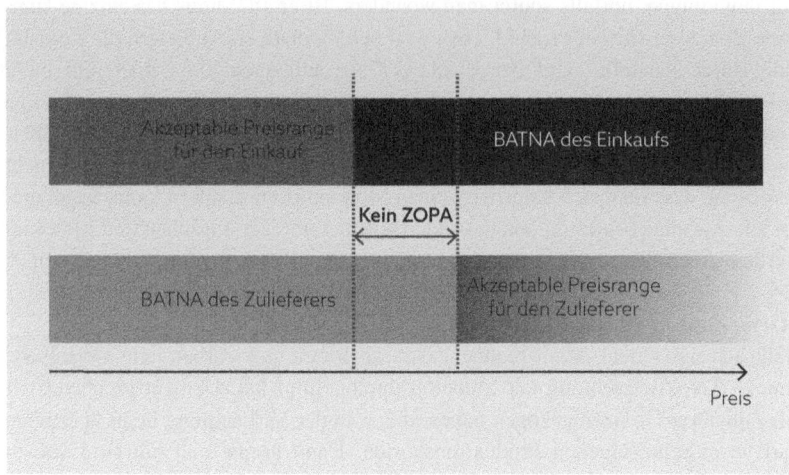

Abb. 2.2 Keine Überlappung beim Preis – Die akzeptable Preisrange des Einkaufs und des Zulieferers überlappen sich nicht, es existiert keine *Zone of Potential Agreement*

Ergeben dagegen die BATNA-Berechnungen von Einkauf und Vertrieb wie in Abb. 2.2, wird auch keine Einigung zu erreichen sein, da keine ZOPA zustande kommt.

Fazit
Die Betrachtung des BATNA ist die Voraussetzung für eine erfolgreiche Verhandlung. Wie diese Einigung gefunden wird, ob über eine automatisierte Preisfindung durch eine Auktion oder über eine strukturierte Verhandlung mit nur einem Verhandlungspartner, muss der Einkauf dann aufgrund der vorherrschenden Marktsituation entscheiden.

2.4 Der spieltheoretisch optimierte Verhandlungsprozess

Um die in Abschn. 2.1 beschriebenen Fehler in der Verhandlungsführung konventioneller Einkaufsprozesse zu vermeiden und um die Verhandlungsposition des Einkaufs nachhaltig zu verbessern, ist die Anwendung eines spieltheoretisch optimierten Prozesses erforderlich. Dieser Prozess besteht bei uns aus sechs

Elementen: der Marktanalyse, der monetären Bewertung, dem Verhandlungsdesign, der Freigabe, der Lieferantenkommunikation und der Vergabeverhandlung. Dieses Kapitel gibt einen kurzen Überblick über die einzelnen Schritte, in den nachfolgenden Kapiteln werden sie dann tiefer gehend erläutert (Abb. 2.3).

Analyse der Marktsituation
Am Beginn eines jeden Einkaufsprojekts steht eine gründliche Analyse des Marktumfelds. Typische Fragen sind dann: Welcher Lieferant kann welche Vergabepakete anbieten? Wie viel Seriengeschäft haben die jeweiligen Lieferanten? Wie groß sind die Lieferanten in Relation zum einkaufenden Unternehmen? Was ist der Anteil des einkaufenden Unternehmens am Umsatz der Lieferanten? Diese Fragen geben Aufschluss über das Marktumfeld und über die Verteilung der Verhandlungsmacht. Geklärt werden sollte auch schon in dieser Phase, wie durch die Bündelung von Auftragspaketen der Wettbewerb zwischen den Lieferanten maximiert werden kann. Die Analysephase ist insofern die Basis für alle weiteren Prozessschritte, insbesondere für die Entwicklung eines fallspezifischen Verhandlungsdesigns.

Vergleichbarkeit der Angebote durch monetäre Bewertung
Die monetäre Bewertung der nicht-preislichen Unterschiede der Lieferantenangebote sollte in jedem Projekt so früh wie möglich vorgenommen werden. Bei Neuvergaben sollte sie spätestens nach Eingang der ersten Angebote beginnen. Bei Verhandlungen im Seriengeschäft kann sie bereits mit Versand des RfQ anfangen, weil die nicht-preislichen Unterschiede der Lieferanten in der Regel bereits bekannt sind. Bei der monetären Bewertung geht es darum, die Unterschiede der Lieferantenangebote jenseits des Preises in Eurowerten zu erfassen. Indem man diese qualitativen Unterschiede in monetäre Werte überführt, stellt man sicher, dass bei der Vergabeentscheidung eine einheitliche Bewertungslogik des Preis-Leistungsverhältnisses zum Tragen kommt. Durch die monetäre Bewertung wird deutlich, um wie viel Euro ein z. B. qualitativ minderwertiger Lieferant günstiger sein muss, um sich für eine Nominierung zu qualifizieren. Dadurch werden die Präferenzen des einkaufenden Unternehmens eindeutig festgelegt.

Eine ganze Reihe von Kriterien kann dabei in monetäre Werte überführt werden. Bietet z. B. ein Lieferant den Incoterm EXW (d. h. den Preis ab Werk) und ein anderer Lieferant den Incoterm DDP (d. h. den Preis inklusive Lieferung bis zum Bestimmungsort) an, so kann man die Mehrkosten des Incoterms EXW für das einkaufende Unternehmen durch die zusätzlichen internen Kosten für Logistik erfassen. Ein anderes Beispiel sind Onboarding-Aufwände für neue Lieferanten.

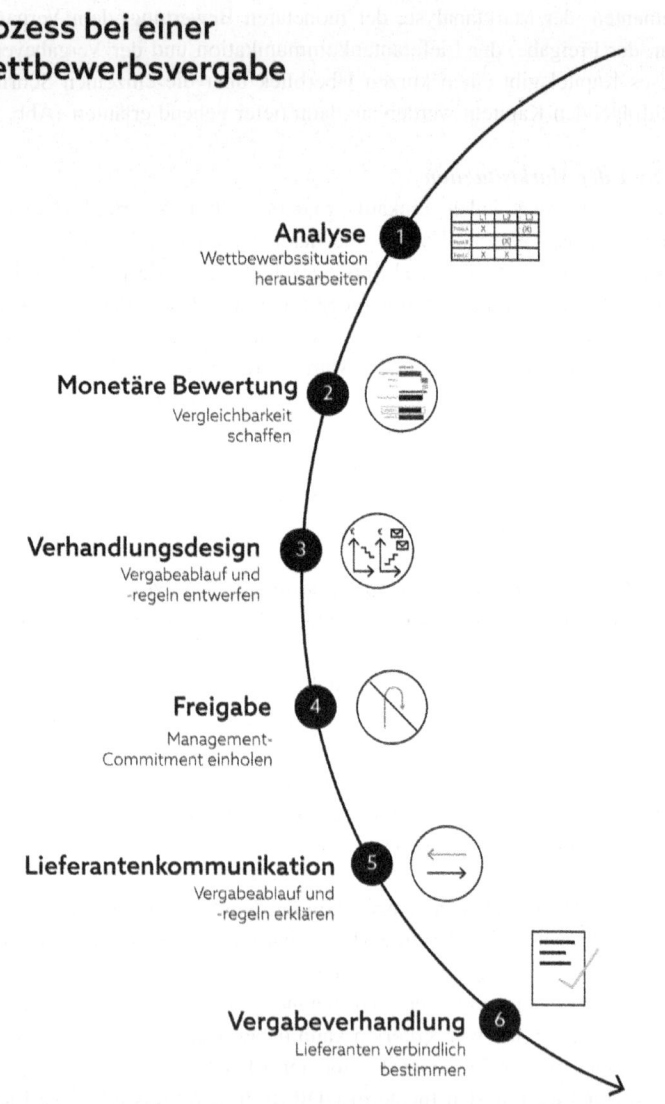

Abb. 2.3 Der spieltheoretisch optimierte Verhandlungsprozess – Die einzelnen Schritte des spieltheoretisch optimierten Verhandlungsprozesses bei Vergaben mit Wettbewerb

In der Regel hat dann das einkaufende Unternehmen zu Beginn der Lieferbeziehung einen Mehraufwand für die Abstimmung der Arbeitsprozesse. Diese Kosten kann man z. B. in Form des zeitlichen Mehraufwands (in Manntagen) und der internen Mehrkosten (kalkulatorischer Manntagessatz) schätzen. Eine vollständige monetäre Bewertung der Lieferantenangebote erfasst alle gesamtunternehmerischen Kosten im Sinne eines Total-Cost-of-Ownership-Ansatzes. Dieser ist als Maß des Preis-Leistungs-Verhältnisses bei Vergabeentscheidungen ideal.

Verhandlungsdesign
Nach der Durchführung eines RfQ, dem Abschluss konventioneller Vorverhandlungen sowie einer finalisierten monetären Bewertung entwickeln Verhandlungsexperten ein sogenanntes Verhandlungsdesign. So bezeichnen Spieltheoretiker das verbindliche Regelwerk einer strukturierten Verhandlung. Es beschreibt, welcher Prozess für die Nominierung eines Lieferanten durchlaufen werden muss bzw. was ein Lieferant tun muss, um sich für eine Nominierung zu qualifizieren. Das Verhandlungsdesign legt also z. B. fest, wer (Einkauf oder Lieferant) wann ein Angebot macht. Das Verhandlungsdesign bestimmt z. B. auch, welche Informationen innerhalb eines Vergabeprozesses offengelegt werden und welche verdeckt bleiben. Verhandlungsdesigns können simple einstufige Prozesse sein, z. B. eine Holländische Standardauktion. Es ist aber auch möglich, dass ein Verhandlungsdesign ein mehrstufiger Prozess ist, der unterschiedliche Auktions- und Verhandlungsformen kombiniert und zusätzlich differenzierte Informationsflüsse und komplexe Belohnungs- und Sanktionsmechanismen beinhaltet.

Ziel des Verhandlungsdesigns ist es, maximale Preissenkungsanreize zu setzen, um den Business Case des Einkaufs zu optimieren. Für sehr wichtige, für das Unternehmen zukunftsweisende Verhandlungen sollten fallspezifisch optimale Verhandlungsdesigns von hochspezialisierten Verhandlungsprofis entwickelt werden. Die Grundvoraussetzung dafür ist eine vertiefte Ausbildung in Spieltheorie und Verhaltensökonomik sowie jahrelange Erfahrung. Für kleinere bis mittlere Vergaben sollte dieses Buch eine gute Grundlage für erfolgreiche Projekte liefern.

Freigabe
Nach Abschluss der Vorverhandlungen und nach Entwicklung des Verhandlungsdesigns, aber noch vor der Verhandlung selbst, erfolgt die Freigabe durch alle Stakeholder mit möglichen Vetorechten. In der Regel sollte das Top-Management aller involvierten Fachbereiche des einkaufenden Unternehmens am Freigabeprozess beteiligt sein. Im spieltheoretisch optimierten Verhandlungsprozess gibt das Entscheidungsgremium dem Verhandlungsteam ein Verhandlungsmandat mit

voller Entscheidungsbefugnis für einen zulässigen Ergebnisraum oder mehrere Vergabeszenarien. Das ist ein zentraler Unterschied zum konventionellen Einkaufsprozess, bei dem der Einkauf zwar das Vorschlagsrecht hat, ein Managementgremium in der Regel aber den Lieferanten final auswählt. Die erhöhten Freiheitsgrade des Einkaufs im spieltheoretisch optimierten Prozess stärken seine Verhandlungsmacht ungemein. Dieses volle Verhandlungsmandat des Einkaufs ist auch den Lieferanten zu kommunizieren. Denn nur, wenn diese erkennen, dass dieser Prozess festgelegt ist und an ihm kein Weg vorbeiführt, beispielsweise durch Kontakte zum Management, haben die Anbieter den Anreiz, sich maximal kompetitiv zu verhalten.

Lieferantenkommunikation

Eine Vergabeverhandlung kann nur erfolgreich sein, wenn alle Beteiligten den Vergabeprozess und all seine Implikationen verstehen. Um das sicherzustellen, findet vor der finalen Vergabeverhandlung die sogenannte Lieferantenkommunikation statt, in der das Verhandlungsdesign vollständig und detailliert erläutert wird. Außerdem werden sämtliche Vergabeprämissen kommuniziert, um ein gemeinsames Verständnis mit den Lieferanten sicherzustellen. Danach sagen die Lieferanten durch eine schriftliche Teilnahmebestätigung ihre Partizipation am finalen Vergabeprozess verbindlich zu.

Vergabeverhandlung

Die Vergabeverhandlung findet in der Regel an nur einem oder nur wenigen Tagen z. B. beim einkaufenden Unternehmen oder in einem Hotel statt. Am Verhandlungstag wird sichergestellt, dass jeder Lieferant einen eigenen Raum zur Verfügung hat, in dem er diskret die Kalkulationen und Diskussionen durchführen kann, die vor dem Abschluss einer großvolumigen Vergabe für den Vertrieb erforderlich sind. Der Verhandlungsprozess selbst wird in hundertprozentiger Compliance mit den zuvor kommunizierten Regeln des Verhandlungsdesigns durchgeführt. So weiß jeder Lieferant, was am Verhandlungstag auf ihn zukommt, was ihm eine solide Vorbereitung inklusive der Entwicklung und Implementierung einer optimalen Bieterstrategie ermöglicht.

Fazit

Der spieltheoretisch optimierte Einkaufsprozess behebt die zuvor genannten Fehler des konventionellen Einkaufsprozesses. Der dadurch optimierte Vergabeprozess liefert systematisch bessere Verhandlungsergebnisse. Das Verständnis für einige Elemente dieses sechsstufigen Verfahrens soll im Folgenden vertieft werden.

2.5 Analyse der Marktsituation

Wie in Abschn. 2.1 dargestellt, hängt das optimale Verhandlungsdesign entscheidend von der Marktsituation der Warengruppe bzw. des Vergabegegenstands ab. Dazu müssen zum einen die Wettbewerbssituation auf der Makroebene sowie zum anderen die Motive, Anreize und die Verhandlungsmacht jedes einzelnen an der Verhandlung beteiligten Lieferanten analysiert werden. Ein optimales Verhandlungsdesign baut auf den Ergebnissen dieser Marktanalyse auf.

Wettbewerbsmatrix und Shiftability-Analyse
Insbesondere bei komplexen Vergabegegenständen mit zahlreichen Teilenummern und unterschiedlichen Freigaben je Lieferant ist die Erstellung einer Wettbewerbsmatrix wie in Abb. 2.4 nützlich. Darin listet man in einer Dimension die Vergabepakete und in der anderen die Lieferanten auf. Die Wettbewerbsmatrix gibt dann einen Überblick darüber, welcher Lieferant für welches Vergabepaket freigegeben ist. Schon hier stellt sich grundsätzlich die Frage der optimalen Paketierung der zu verhandelnden Teilenummern (siehe auch Abschn. 2.5), denn es besteht folgender Trade-off: Zum einen riskiert man Cherry-Picking-Potential zu

Commodity	Volumen p.a.	Zulieferer 1	Zulieferer 2	Zulieferer 3	Zulieferer 4	# Wettbewerber
Bündel 1	1.200.000 €					3
Bündel 2	1.100.000 €					3
Bündel 3	925.000 €					1-2
Artikel 1	65.000 €					4
Artikel 2	55.000 €					3
Artikel 3	115.000 €					2-3
Artikel 4	90.000 €					4
# Freigaben		5	5	5	4	
# Freigabe ausstehend		1	0	2	0	
Max. Volumen		2.310.000 €	2.370.000 €	3.145.000 €	325.000 €	

Legende: Stammzulieferer | Freigegeben | Freigabe ausstehend | Lieferant unerwünscht | Nicht freigegeben

Abb. 2.4 Wettbewerbsmatrix – Beispiel einer Freigabematrix, bei der ersichtlich sein muss: 1. Welche Artikel sollen eingekauft werden?, 2. Wer sind die potentiellen Zulieferer?, 3. Was können die Zulieferer anbieten?, 4. Was sind die Präferenzen innerhalb des Unternehmens? So entsteht ein Bild der möglichen Shiftability

verlieren, wenn man zu viele Teilenummern zu einem Paket bündelt, so dass man für einzelne Teilenummern dann nicht die günstigsten Preise realisieren kann. Zum anderen aber wird explizite oder implizite Kollusion der Lieferanten bei großen Paketen weniger wahrscheinlich. Im Extremfall, der Bündelung des gesamten Vergabevolumens in einem Paket, ist Kollusion extrem unwahrscheinlich. Die Lieferanten können sich dann jedenfalls nicht so koordinieren, dass alle Lieferanten zu relativ hohen Preisen einen Teil des Kuchens erhalten.

Bei der Bestimmung der Pakete muss darauf geachtet werden, dass der Wettbewerb möglichst am Leben erhalten wird. Bei der Bündelung von zahlreichen Teilenummern in einem Vergabepaket besteht immer die Gefahr, dass einige Lieferanten zumindest eine Teilenummer des Pakets nicht liefern können. Im schlimmsten Fall hat das den Ausschluss dieser Lieferanten für dieses Paket zur Folge. So kann es sein, dass zwar bei jedem Teil einzeln gesehen Wettbewerb herrscht, man sich aber durch ungeschicktes Bündeln für jedes Bündel einen Monopolisten schafft. Die Paketierung hängt insofern von der jeweils vorliegenden Situation ab und muss fallspezifisch entschieden werden.

Entscheidet sich der Einkauf für eine Dual- oder sogar Triple-Sourcing-Strategie innerhalb einer Warengruppe, um nicht von einem alleinigen Lieferanten abhängig zu werden, dann ist eine zusätzliche Shiftability-Analyse sehr hilfreich. Sie beantwortet für jedes Vergabepaket die Fragen: Was ist der aktuelle Anteil eines jeden Lieferant? Welchen Anteil muss jeder Lieferant mindestens unabhängig vom angebotenen Preis erhalten? Welchen Anteil kann/darf jeder Lieferant maximal bei optimaler Performance erreichen? Am Ende der Marktanalyse steht dann eine vollständige Wettbewerbsmatrix. Diese gibt an, welcher Lieferant für welche Pakete freigegeben ist. Eine Shiftability-Analyse detailliert bei einer Multiple-Sourcing-Strategie, welche Shares je Lieferant minimal erforderlich bzw. maximal möglich sind. Solche Restriktionen nach unten (Minimum-Shares) dienen häufig zur Risikominimierung in Unternehmen, um sicherzustellen, dass der Bestandslieferant mit guter historischer Performance einen Teil des Business behält, um die Lieferkette abzusichern. Begrenzungen nach oben dagegen (maximale Shares) gelten meist für neue Lieferanten, weil das Unternehmen den bisher unbekannten Lieferanten nicht einen zu hohen Anteil überlassen will, sollten sie sich als unzuverlässig herausstellen.

Analyse einzelner Lieferanten
Insbesondere in Situationen mit wenigen oder asymmetrischen Lieferanten ist eine tiefgreifende Analyse dieser Anbieter notwendig, um ihre Verhandlungsposition zu verstehen. Wichtige Faktoren dafür sind beispielsweise:

- die Größe eines Lieferanten in Relation zur Größe des einkaufenden Unternehmens
- der Umsatzanteil des einkaufenden Unternehmens am Umsatz des Lieferanten
- das Produktportfolio des Lieferanten
- der Anteil des Vergabeumfangs am Gesamtgeschäft des Lieferanten mit dem einkaufenden Unternehmen.

Der Umsatzanteil des einkaufenden Unternehmens am Gesamtumsatz des Lieferanten ist ein wichtiges Maß für die Verhandlungsmacht. Beträgt der Anteil des einkaufenden Unternehmens z. B. mehr als 50 % am Umsatz des Lieferanten, besteht offensichtlich eine starke Abhängigkeit des Lieferanten, er hat kein attraktives BATNA. In dieser Situation wird die Verhandlungsmacht des Einkaufs groß sein. Die relative Größe von einkaufendem Unternehmen und Lieferanten ist ebenfalls ein aufschlussreicher Indikator. So ist es grundsätzlich von Vorteil für eine Verhandlungspartei, wenn sie das größere Unternehmen am Verhandlungstisch ist. Dies gilt insbesondere bei einer starken Größenasymmetrie. Selbst wenn das kleinere Unternehmen eine Monopolstellung für ein Produkt innehat, wird es vor einer zu skrupellosen Ausnutzung der Verhandlungsmacht zurückschrecken. Denn im Falle eines schwerwiegenden Konflikts könnte das größere Unternehmen z. B. Einfluss auf die Kunden des kleineren Unternehmens nehmen, einen neuen Wettbewerber aufbauen oder sogar eine feindliche Übernahme anstreben.

Ebenso ist relevant, welche Bedeutung der Vergabeumfang innerhalb der gesamten Geschäftsbeziehung von einkaufendem Unternehmen und Lieferanten hat. Ist z. B. eine potenzielle Neuvergabe volumenmäßig ebenso groß wie das gesamte Seriengeschäft eines Lieferanten, so wird das die Verhandlungsmacht des Einkaufs stärken. Umgekehrt gilt, dass ein Lieferant mit viel Seriengeschäft für eine kleine Neuvergabe kaum Preisreduktionen anbieten wird. Genauso ist das Produktportfolio eines Lieferanten bedeutsam. Ist er auf wenige oder sogar nur auf ein Produkt spezialisiert, wird er nur ungern Marktanteile aufgeben. Mangels Alternativen ist seine Verhandlungsmacht gering.

Fazit
Die Marktsituation gibt Aufschluss über die Intensität des Wettbewerbs unter den Lieferanten und ist somit entscheidend für die Verhandlungsmacht des Einkaufs und das optimale Verhandlungsdesign. Auf Basis der Wettbewerbsmatrix und der Shiftability-Analyse sowie einer detaillierten Einzelanalyse der Lieferanten lässt sich eine genaue Landkarte der Marktsituation erstellten. Der Wettbewerb zwischen den infrage kommenden Lieferanten lässt sich zusätzlich noch durch eine

optimale Bündelung der nachgefragten Warengruppen steigern, wie das nächste Kapitel zeigt.

2.6   Bündeln von Produkten und Dienstleistungen für mehr Wettbewerb

In der Praxis beobachten wir häufig Hindernisse, die einen direkten Wettbewerb zwischen Lieferanten verhindern. So versuchen Lieferanten sich durch eine möglichst differenzierte Vertriebsstrategie der Vergleichbarkeit zu entziehen, um den Wettbewerb zu minimieren. Dann muss der Einkauf Gegenstrategien entwickeln, die den Wettbewerb forcieren. Eine Bündelung von Teilenummern und Services in Paketen ist dafür eine geeignete Maßnahme.

Hindernisse für Wettbewerb in der Praxis
Schon die *unterschiedlichen Produktportfolios* der Lieferanten beeinträchtigen den Wettbewerb zwischen ihnen (Tirole 1988). Die Vertriebsstrategien von Lieferanten beinhalten nicht selten Spezialisierungen auf bestimmte Nischen. Das ist durchaus rational, denn es zielt darauf ab, in Märkten mit möglichst wenig Wettbewerb und somit möglichst hohen Gewinnmargen zu agieren. Manchmal wird der Wettbewerb jedoch durch das einkaufende Unternehmen selbst eingeschränkt, etwa aufgrund der zeitlichen Präferenzen bzw. der Ungeduld des einkaufenden Unternehmens. Das wird besonders bei Neuvergaben deutlich. Meistens stehen dann mehrere Lieferanten als potenzielle Vertragspartner zur Verfügung, darunter etablierte Lieferanten mit einem signifikanten Anteil am laufenden Bestandsgeschäft als auch Herausforderer, die bisher noch keinen oder nur einen geringen Anteil am Bestandsgeschäft liefern. Da Neuprojekte oftmals Monate oder sogar Jahre im Voraus vergeben werden, besitzen Bestandslieferanten hier einen großen strategischen Vorteil: Sie können Einsparungen auf das Bestandsgeschäft anbieten, die schnell beim einkaufenden Unternehmen ankommen. Da Einkäufer typischerweise sehr kurzfristige Sparziele haben, führt das dazu, dass häufig ein suboptimaler Deal mit dem Bestandslieferanten angestrebt wird. Dadurch wird der Business Case der Neuvergabe nicht optimiert, sondern der kurzfristigen Optimierung des Bestandsgeschäfts geopfert. Der zur Verfügung stehende Wettbewerb bleibt also ungenutzt. Hier haben wir es erneut mit einem Prinzipal-Agenten-Problem zu tun (siehe Abschn. 2.1), dem wir noch häufiger begegnen werden, da es sich durch den gesamten Einkauf zieht.

Nicht wettbewerbsfördernd ist es zudem, wenn *künftige Bedarfe schwer vorher-zusehen* sind. In Industrien mit hoher Variantenvielfalt oder häufigen technischen

Änderungen ist es deshalb schwierig, langfristige Preisvereinbarungen zu formulieren. Statt langfristigen Verträgen mit einem oder wenigen Partnern kommt es in diesen Branchen oftmals zu zahlreichen kleinen Vergaben in hoher Frequenz. Das hemmt Wettbewerb und Preisdruck, weil das Verlieren einer Vergabe zeitnah durch das Gewinnen einer anderen kompensiert werden kann. Dieses Marktumfeld macht außerdem „Nichtangriffspakte" bis hin zur vollumfänglichen Kollusion der Lieferanten wahrscheinlich. Anders verhält es sich in Branchen, in denen es nur wenige große Vergaben gibt. Das Verlieren einer großen Vergabe kann existenzbedrohend sein, folglich sind Wettbewerb und Preisdruck dann größer.

Wettbewerbsoptimierende Bündelung von Paketen bei unterschiedlichen Produktportfolios
Um einen ausreichend großen Business Case zusammenzustellen, werden üblicherweise eine Reihe von Teilenummern oder Services in Paketen zusammengefasst (Schoenherr und Mabert 2006). In der Praxis kommt es jedoch oft vor, dass diese Pakete nicht wettbewerbsmaximierend gebündelt werden. Stattdessen werden die Vergabepakete nach technischen Kriterien des internen Fachbereichs oder nach Präferenzen der Lieferanten gebündelt – ein verhandlungstaktischer Fehler. Um optimale Verhandlungsergebnisse zu erzielen, sollte erstens nur ein möglichst geringer Teil des Vergabeumfangs in Monopolpaketen landen, die nur ein Lieferant bedienen kann. Zweitens sollten die Pakete so zusammengestellt werden, dass möglichst viele Lieferanten fähig sind, ein Paket anzubieten. Im Zweifel sind eher mehrere kleine Vergabepakete zu bilden, die von vielen Lieferanten angeboten werden können, als ein oder wenige große Pakete, die nur noch große Lieferanten abbilden können. Im Zuge des Verhandlungsprozesses wird sich dann ohnehin noch die Möglichkeit ergeben, mehrere Pakete zu einem großen Bündel zusammenzufassen. Nur sollte man sich nicht bereits im ersten Schritt durch zu große Pakete eigener Freiheitsgrade berauben.

Forward Bundling bei unvorhersehbaren Bedarfen
Eine Methode attraktive Pakete zu bündeln, obwohl die künftigen Bedarfe hochgradig unsicher sind, ist das sogenannte Forward Bundling. Dabei einigt man sich mit dem ausgewählten Vertragspartner auf eine Preisformel, die auf beobachtbaren Kriterien eines Bauteils basiert, die überwiegend technischer Natur sind. Es

können und sollten aber auch Mengeneffekte explizit eingepreist werden. Dazu zwei Beispiele:

Beispiel 1: Einkauf von vorkonfektionierten Leitungen

Die Leitungen können sich durch technische Änderungen oftmals ändern. Dann ist es möglicherweise erforderlich, die Länge einer Leitung anzupassen oder die Stecker am Ende der Leitung zu verändern. Die konventionelle Vorgehensweise des Einkaufs wäre dann, den Preis einer vorkonfektionierten Leitung immer erst dann mit Lieferanten zu verhandeln, wenn die jeweilige technische Spezifikation finalisiert wurde. Dann aber gäbe es nur wenig Wettbewerbsdruck, weil der jeweilige Business Case relativ klein ist. Also gilt es einen Preismechanismus zu finden, der den Preis für unterschiedlichste Spezifikationen vorschreibt. Mit dem Lieferanten müssen Meterpreise für Leitungen unterschiedlichen Materials (z. B. Kupfer oder Aluminium) und unterschiedlichen Durchmessers sowie Preise für alle denkbaren Steckervarianten verhandelt werden. Wenn diese Preiskomponenten vorliegen, können konkrete Spezifikationen nach einer Baukastenlogik zusammengesetzt werden. Um einen sinnvollen Business Case für die Vergabeentscheidung herzuleiten, müssen die Preise der Kostenkomponenten mit den geschätzten Mengen oder Eintrittswahrscheinlichkeiten gewichtet werden. Dafür sollten historische Daten und das technische Know-how der Fachbereiche genutzt werden. Dieses Vorgehen ermöglicht es, einen Lieferanten für vorkonfektionierte Leitungen für mehrere Jahre auszusuchen und nur in Ausnahmefällen nochmal nachverhandeln zu müssen. Dadurch wird der Wettbewerb und Preisdruck zum Zeitpunkt der Vergabeverhandlung maximiert.◄

Beispiel 2: Vergabe der Filialbeschilderung für die globalen Vertriebsniederlassungen eines Industrieunternehmens

Der Bedarf der Niederlassungen dieses Konzerns unterschied sich sehr. So variierte beispielsweise die Größe der Schilder in den nationalen Märkten. Zudem sollten die Schilder auch unterschiedlichen klimatischen Bedingungen in den jeweiligen Regionen standhalten, etwa den maximal möglichen Windstärken. So sollten für Schottland robustere Schilder gebaut werden als für Italien. Um zu vermeiden, dass jedes Schild des weltweiten Bedarfs separat verhandelt werden musste, wurde eine Preisformel entwickelt, die einen Preis je Quadratmeter vorsah, der mit einem marktspezifischen Faktor multipliziert wurde. Dieser Faktor war proportional zur maximal möglichen Windstärke und spezifisch für jeden Markt bzw. jede Region. Mit dieser simplen Formel war es möglich, einen globalen Vertragspartner für unterschiedliche Regionen auszuwählen und somit den Wettbewerb zu maximieren.◄

Verknüpfung von Bestands- und Neugeschäft durch einen Diskontfaktor
In der Einkaufspraxis werden häufig Deals verhandelt, bei denen der Bestandslieferant Savings auf das Bestandsgeschäft gibt, um den Zuschlag für ein neues Projekt zu erhalten. Wie beschrieben, kann der Einkauf dadurch kurzfristige Savings erzielen. Aus verhandlungstaktischer Sicht ist es aber falsch, wenn dadurch der Bestandslieferant von vornherein für das Neugeschäft gesetzt ist. Deshalb ist es notwendig, einen Mechanismus zu entwickeln, der dem Lieferanten Anreize setzt, Savings auf das Bestandsgeschäft zu geben, seinen Zuschlag für das Neugeschäft aber nicht vorwegzunehmen. Dafür ist es wichtig, die Zeitpräferenzen des einkaufenden Unternehmens zu verstehen.

Wenn ein Unternehmen ungeduldig ist, dann ist ein Euro Ersparnis für das Unternehmen heute wertvoller als ein Euro Ersparnis morgen. Mathematisch bildet man diese Ungeduld durch sogenannte Diskontfaktoren in der Business-Case-Kalkulation ab (siehe dazu auch Abschn. 2.7). Ein Diskontfaktor ist wie ein entgangenes Zinseinkommen zu verstehen. Wenn ein Lieferant heute 1000 EUR Savings anbietet, könnte das eingesparte Geld für Investitionen verwendet werden, die eine Rendite abwerfen. Je besser die Investitionsmöglichkeiten eines Unternehmens sind, desto ungeduldiger wird das Unternehmen sein und umso höher der Diskontfaktor. Der Einkauf sollte sich also über die Höhe des Diskontfaktors im Klaren sein, wenn er angebotene Savings für das Bestandsgeschäft bei Vergabe eines Neuprojekts berücksichtigen möchte.

In der Praxis kommt der Diskontfaktor oft in vereinfachter Weise vor. An Stelle einer jahresgenauen Diskontierung wird ein simpler Multiplikator für Savings auf das Bestandsgeschäft angewendet. Beispielsweise wird ein Euro Savings auf das Bestandsgeschäft mit einem Multiplikator von 1,2 angerechnet. Das heißt ein Euro Savings auf das Bestandsgeschäft wird so behandelt, als würde man 1,20 EUR Savings auf das Neugeschäft erhalten. Dadurch werden dem Bestandslieferanten starke Anreize gesetzt, die Preise des Bestandsgeschäfts zu senken. Gleichzeitig kann man durch diese Logik sicherstellen, dass der Bestandslieferant weiterhin Wettbewerb ausgesetzt bleibt, solange der Multiplikator nicht zu groß gewählt wird. Wichtig ist, dass der gewählte Multiplikator die Zeitpräferenzen des Unternehmens widerspiegelt. Wenn kurzfristige Savings zwingend erforderlich sind, kann der Multiplikator einen relativ hohen Wert, z. B. 1,5, annehmen. Ist das

Unternehmen hingegen geduldig und an der langfristigen Optimierung des Neugeschäfts interessiert, so ist wahrscheinlich ein kleiner Multiplikatorwert von z. B. 1,05 angemessen.

Beispiel: Vergabe von Stoßdämpfern für eine neue Baureihe eines Automobilherstellers

Kauft ein Automobilhersteller für eine neue Baureihe ein, dann nominiert er in der Regel bereits ein bis drei Jahre vor Beginn der Produktion einen Lieferanten. Vier Anbieter hatten sich in dieser Situation um den Auftrag beworben. Das größte Interesse hatte jedoch der Lieferant, der bereits die Stoßdämpfer für die Vorgängerbaureihe lieferte, weil er seine Kapazitäten weiterhin auslasten wollte. Die Produktion der Vorgängerbaureihe ist zum Zeitpunkt der Neuvergabe typischer Weise noch in vollem Gange. Daher war dieser Lieferant in der Lage, Teilepreise der noch laufenden Baureihe kurzfristig zu reduzieren. Vor der finalen Verhandlung, die als Parallelverhandlung vor Ort stattfand, wurden mit ihm bereits geeignete Bauteile des Seriengeschäfts für eine Kostenreduktion identifiziert und ein gemeinsames Verständnis bezüglich der noch zu erwartenden Stückzahlen hergestellt. Dadurch war schon vor dem finalen Verhandlungstag klar, welchen Effekt eine Teilepreisreduktion auf den Business Case haben würde. Das Automobilunternehmen kommunizierte allen Lieferanten, dass es diese Einsparungen mit einem Multiplikator von 1,3 beim Neugeschäfte bewertet, was dem Bestandslieferanten einen Vorteil gegenüber den anderen verschaffen würde. Am Verhandlungstag selbst bot der Bestandslieferant nach einigen Verhandlungsrunden Preisreduktionen auf das Bestandsgeschäft in einem Ausmaß an, dass er sich damit auch das Neugeschäft sichern konnte. Entscheidend für den Verhandlungserfolg war jedoch, dass der Bestandslieferant bis zuletzt um die Nominierung für das Neugeschäft bangen musste. Der angewendete Mechanismus war also eine geeignete Methode, um kurzfristiges Bestandsgeschäft und in der Zukunft liegendes Neugeschäft anreizkompatibel miteinander zu bündeln.◄

Fazit

Durch die Bündelung von Vergabeumfängen ist es Lieferanten möglich, technische Synergien zu realisieren und daher günstigere Preise anzubieten. Aus wettbewerbsökonomischer Sicht entsteht jedoch ein zusätzlicher Mehrwert durch die Bündelung. In Märkten mit vielen kleinen Vergabepaketen und häufigen Vergaben ist implizite oder sogar explizite Kollusion der Lieferanten sehr wahrscheinlich. Durch die Bündelung eines möglichst großen Vergabepakets und die

Formulierung eines möglichst langfristigen Vertrags wird diesem Effekt entgegengewirkt. Die wettbewerbsoptimierte Bündelung, das Forward Bundling und die anreizkompatible Verknüpfung von Bestands- und Neugeschäft verstärken daher den Wettbewerbsdruck und ermöglichen so höhere Savings.

2.7 Herstellung von Vergleichbarkeit

Vorurteilen zufolge geht es Einkaufsabteilungen heute in erster Linie darum, den billigsten Lieferanten zu finden. Das ist nicht richtig oder vielmehr nicht mehr richtig, spätestens seit die negativen Seiten einer allein auf Preissenkung fokussierten Einkaufspolitik etwa im Fall des VW-Managers López offenbar wurden (siehe Kap. 1). In den meisten Fällen geht es den Einkäufern darum, den Lieferanten mit dem besten Preis-Leistungs-Verhältnis auszuwählen. Wir beobachten dabei häufig, dass die qualitativen Unterschiede zwischen den Lieferanten in der Praxis durch eine Bewertung analog zum Schulnotensystem herausgearbeitet werden. Oder auch durch ein Scoringmodell von 1 bis 10 Punkten, wobei die Qualität der Lieferanten umso besser ist, je höher ihr Scoring ist. Beide Konzepte sind geeignet, um die Leistung der Lieferanten in ein sinnvolles Ranking zu überführen. Das Schulnotensystem kann zudem klar definieren, welcher Lieferant gerade noch ausreichende Leistung erbringt und welche Lieferanten wegen ungenügender Leistungen nicht infrage kommen (Abb. 2.5).

Nachteile herkömmlicher Konzepte zur qualitativen Lieferantenbewertung
Diese Konzepte sind jedoch nicht geeignet, um das Preis-Leistungs-Verhältnis der Lieferanten wirklich zu erfassen. Denn die Bewertungslogik von Schulnoten oder Scoringmodellen lässt sich nicht direkt vergleichen. Nur wenn die Bewertungen in eine einzige Dimension, am besten Geld, übersetzt werden, lässt sich echte Vergleichbarkeit herstellen. Beispiel: Angenommen ein Lieferant, dessen technisches Konzept mit der Schulnote drei bewertet wurde, ist eine Millionen Euro günstiger als ein Lieferant, dessen technisches Konzept die Schulnote eins erhält. Welchen Lieferanten sollte das Unternehmen dann sourcen? Um wie viel muss der Lieferant mit einem Scoring von 3 günstiger sein als der Lieferant mit einem Scoring von 9, um den Auftrag zu erhalten? Diese Fragen sind so nicht eindeutig zu beantworten, denn auf diese Weise lassen sich die Lieferanten nicht miteinander vergleichen. Daher wird sich auch nur schwer Wettbewerbs- und Preisdruck aufbauen lassen.

Vergleichspreis statt Angebotspreis als Entscheidungsgrundlage

Ziel: Die besten Äpfel zu kaufen

Bäuerin Greta   Bauer Franz

ABER:

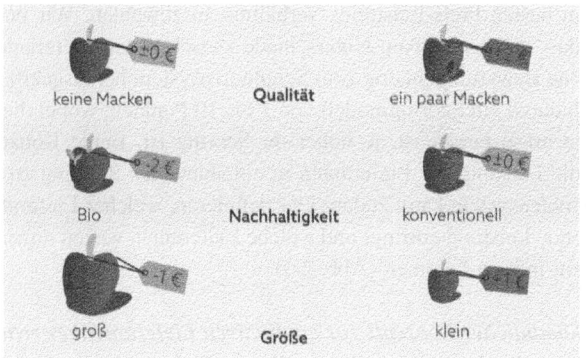

Individuelle Vergleichspreis mit Bonus & Malus:

Abb. 2.5 Beispiel Bonus/Malus – In diesem Beispiel ist ersichtlich, wie eine Bonus-/Malus-Bewertung helfen kann, den Anbieter mit dem besten Preis-/Leistungsverhältnis auszuwählen. Aspekte, bei denen sich die beiden Anbieter unterscheiden, wurden mit Geldbeträgen versehen, so dass am Ende daraus der Vergleichspreis resultiert. Entscheidungen sollten immer anhand dieses Vergleichspreises getroffen werden

Für Vergleichbarkeit müssen qualitativ unterschiedliche Lieferanten monetär bewertet werden
Um die Lieferanten wirklich vergleichen zu können, müssen alle qualitativen Kriterien monetär bewertet werden. Die qualitative Bewertung der Lieferanten muss also in Euro-Werten erfassen, welche internen Kosten ein Unternehmen spart, wenn es einen zuverlässigen Lieferanten auswählt, oder welche internen Mehrkosten entstehen, wenn ein weniger bekannter Lieferant zum Zuge kommt. Bei dieser Bewertungslogik werden die Lieferanten direkt in Geldwerten miteinander vergleichbar, die Voraussetzung für starken Wettbewerbs- und Preisdruck.

Die monetäre Bewertungsmethode
Wer mit dieser Methode nicht vertraut ist, zeigt sich anfangs möglicherweise skeptisch, ob eine monetäre Bewertung der qualitativen Unterschiede von Lieferanten überhaupt möglich ist. Deshalb sollen im Folgenden die Methode und einige Begriffe der monetären Bewertung erläutert werden.

K.o.-Kriterien: Die Ansprechpartner anderer Fachbereiche, z. B. der Entwicklung oder der Logistik, wenden gegen eine monetäre Bewertung häufig zu Recht ein, dass nicht alle Unterschiede zwischen Lieferanten durch einen günstigeren Preis kompensiert werden können. Daher muss man sogenannte K.o.-Kriterien festlegen, die von jedem infrage kommenden Lieferanten zu erfüllen sind. So ist das Risiko eines Lieferanten, der nachweislich in finanziellen Schwierigkeiten steckt, nicht mit einem günstigen Preis auszugleichen. Die mangelhafte Bonität eines Lieferanten sollte daher ein K.o.-Kriterium sein und zum Ausschluss dieses Lieferanten aus dem Vergabeprozess führen. Ein weiteres typisches K.o.-Kriterium ist eine nicht tolerierbare Abweichung von den technischen Spezifikationen. Wenn beispielsweise ein sicherheitsrelevantes Bauteil diesen nicht entspricht, ist der Einsatz dieses Bauteils durch keine Einsparung zu rechtfertigen.

Allerdings ist es auch wichtig, ein Kriterium nicht zu früh als K.o.-Kriterium einzuordnen. Wir beobachten häufig, dass Fachbereiche erstmal Kriterien so darstellen, als seien sie nicht zu kompensieren, da es oft mit einigem Aufwand verbunden ist, etwa technische Abweichungen freizugeben. Hier ist es dann Aufgabe des Einkaufs, das konsequent zu hinterfragen und mit dem Fachbereich eine Bewertung auszuarbeiten. Denn klar ist: Wettbewerber durch ein solches Kriterium auszuschließen, wird den Einkauf Einsparungen und die Firma in Erwartung Geld kosten.

Um den qualitativen Unterschied zwischen Lieferanten korrekt durch eine monetäre Bewertung zu erfassen, empfiehlt sich ein Bonus-Malus-System wie in Abb. 2.6. Dafür gibt es folgende Möglichkeiten:

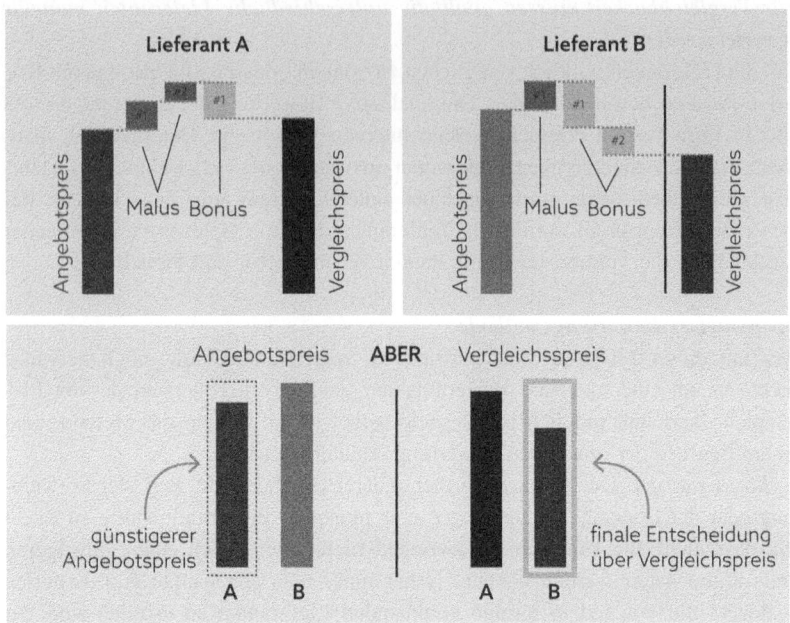

Abb. 2.6 Vergleichbarkeit von Angebotspreisen mit Hilfe eines Bonus-/Malus-Systems – Eine Darstellung, die genutzt werden kann, um Zulieferern zu erklären, wie ein Vergleichspreis zustande kommt

1. Fixer Bonus/Malus:
In diesem Fall ist die Bewertung für den Lieferanten – zumindest kurzfristig – nicht veränderbar. So erhalten neue bzw. noch unbekannte Lieferanten einen fixen Malus gegenüber dem Bestandslieferanten. Dieser Malus rechtfertigt sich dadurch, dass sich die operativen Abläufe bei einem neuen Lieferanten erst noch einspielen müssen. So dürften deshalb in den ersten Monaten der Vertragslaufzeit wöchentliche Abstimmungstermine mit Teammitgliedern des Fachbereichs erforderlich sein. Bewertet mit einem kalkulatorischen Stundensatz ergibt sich daraus

ein Malus in Euro-Werten für den neuen Lieferanten. Dieser Wert spiegelt die realen internen Mehrkosten durch die Auswahl dieses neuen Lieferanten wider.

Beispiel: Auftragsvergabe von Bremsschläuchen bei einem Automobilhersteller

Alle Lieferanten müssen dafür zweifelsfrei die technischen Mindestanforderungen erfüllen. In der Autobranche kann sich jedoch der für ein Bauteil verfügbare Bauraum nach der Vergabe aufgrund technischer Änderungen noch mehrfach verändern. Dadurch kann es geschehen, dass die Bremsschläuche nach einer Reduzierung des Bauraums anderen physikalischen Belastungen ausgesetzt sind. So entstanden an den Bremsschläuchen, die nicht vom Technologieführer kamen, bei einer Stauchung bzw. Reibung leichter Abriebstellen. In diesem Fall wäre es also notwendig, Manschetten an besonders beanspruchten Stellen der Schläuche anzubringen. Folglich wurden die Kosten für diese Manschetten den Lieferanten von qualitativ minderwertigeren Schläuchen als Malus aufgebürdet. Da diese Manschetten aber nur dann benötigt würden, wenn tatsächlich eine Verknappung des Bauraums eintreten sollte, wurden diese Kosten mit einer Eintrittswahrscheinlichkeit gewichtet. Der resultierende Malus spiegelte also die erwarteten internen Mehrkosten wider. Dieser Malus war fix, weil es den betroffenen Lieferanten nicht kurzfristig möglich war, die genannten Probleme zu beheben. ◄

2. Veränderbarer Bonus/Malus:
Dieser kommt zur Geltung, wenn die errechneten internen Mehrkosten durch kurzfristige Maßnahmen des Lieferanten noch verändert werden können.

Beispiel: Verhandlungen eines Automobilherstellers über Magnete für Elektromotoren

Für den Bau der Magnete werden Seltene Erden benötigt. Obwohl die im Wettbewerb stehenden Lieferanten unterschiedliche Seltene Erden verwendeten, war für alle eine hohe Preisvolatilität ihrer Rohstoffe kennzeichnend. Daher waren in diesem Markt sogenannte Floating-Preise üblich. Das heißt die Preise wurden, ausgehend von einem Basispreis, mithilfe einer Materialpreisklausel regelmäßig angepasst. Die hohe resultierende Volatilität des Bauteilpreises war dem Automobilhersteller ein Dorn im Auge. Er wünschte sich, dass die Lieferanten von nun an Fixpreise anbieten, was diese jedoch in den Vorverhandlungen ablehnten. Um dennoch zu seinem Ziel zu kommen, setzte der Automobilhersteller den Lieferanten durch einen veränderbaren

Bonus einen Anreiz, damit sie doch einen Fixpreis für die gesamte Vertrags-
laufzeit anbieten. Im konkreten Beispiel erhielten die Lieferanten, die statt des
Floating-Preises einen Fixpreis anboten, einen Bonus in Höhe von 7,5 % des
Teilepreises. Sie durften also beim Angebot mit dem Fixpreis bis zu 7,5 %
teurer sein als ein Wettbewerber mit Floating-Preisen. Im Verlauf dieses Sour-
cingprozesses bot der letztlich nominierte Lieferant erstmals einen Fixpreis an.
Der kluge Einsatz eines veränderbaren Bonus in dieser Warengruppe mit dem
Wechsel zum Fixpreis erwies sich als nachhaltiger Game Changer, der Automobilhersteller konnte durch den Wettbewerb eine Preisreduktion von circa
15 % erzielen.

Veränderbare Bonus-Malus-Werte sind auch ein gutes Instrument, um
Innovation und Nachhaltigkeit der Lieferanten zu forcieren.◄

Beispiel: Ein Automobilhersteller plant die CO_2-Emissionen sehr stark zu senken

Den Ingenieuren war klar, dass dies nur mit einer Reduktion des Fahrzeug-
gewichts möglich war. Daher brachte das Unternehmen in den Verhandlungen
mit den Lieferanten den Wunsch zum Ausdruck, es erwarte eine – natürlich
kostenneutrale – Gewichtsreduktion der Bauteile. Doch die Lieferanten mau-
erten. Um ihnen monetäre Anreize zu setzen, leichtere Bauteile anzubieten,
wurde ein veränderbarer Bonus festgelegt. Für die Reduktion des Bauteilge-
wichts um ein Gramm sollten Lieferanten einen klar definierten verbindlichen
Bonus erhalten. Damit wurde den Entwicklungsabteilungen der Lieferanten ein
klarer Anreiz gesetzt, um alternative leichtere Materialien einzusetzen oder das
Gewicht durch andere Lösungen zu reduzieren. Im folgenden Vergabeprozess
konnten nicht nur die Kosten, sondern auch das Gewicht der Bauteile deutlich
reduziert werden.◄

---

3. Absoluter Bonus/Malus:
Häufig werden für den Bonus/Malus auch absolute Werte, ausgedrückt in Euro,
verwendet.

Beispiel: Vergabeprozess eines Automobilzulieferers über Leitungssätze

Wird in einem Leitungssatz ein Kontakt ausgetauscht, so muss der Automobilhersteller neue Crimp-Werkzeuge für die Produktion beschaffen. Diese
Kosten müssen also im Falle eines Lieferantenwechsels durch einen niedrigeren Teilepreis zumindest kompensiert werden. Ein neuer Anbieter für Kontakte

wird also einen absoluten Malus in Höhe der Anschaffungskosten des Crimp-Werkzeugs erhalten, um eine unternehmerisch sinnvolle Vergabeentscheidung sicherzustellen.◄

4. Relativer Bonus/Malus:
Dieser wird nicht in Euro, sondern als Prozentsatz des Teilepreises ausgedrückt. Bietet ein Lieferant beispielsweise ein Zahlungsziel von 30 Tagen an, ein anderer dagegen ein Zahlungsziel von 60 Tagen, dann ist offensichtlich das längere Zahlungsziel für den Einkauf vorteilhafter. Der Lieferant mit dem einen Monat längeren Zahlungsziel sollte also einen prozentualen Bonus erhalten, der den höheren Zinseinkünften bzw. dem niedrigeren Zinsaufwand entspricht. Sollte der Teilepreise im Zuge der Verhandlungen reduziert werden, senkt das auch den Mehrwert des längeren Zahlungsziels. Der relative Bonus/Malus wird also durch Veränderungen während der Verhandlung nicht tangiert.

5. Szenario-spezifischer Bonus/Malus:
Mit der monetären Bewertung geht es, allgemein gesagt, vor allem darum, die Präferenzen des einkaufenden Unternehmens verständlich und transparent zu machen. Manchmal ist es jedoch zusätzlich wichtig, klar zu machen, welche Verhandlungsergebnisse erwünscht sind. So haben viele Unternehmen bei kritischen Bauteilen eine Präferenz für ein Dual Sourcing gegenüber einer Single Source, da bei zwei Lieferanten das Risiko diversifiziert wird und der Ausfall eines Lieferanten gegebenenfalls kompensiert werden kann. Mithilfe eines sogenannten Szenario-Bonus lässt sich eine Dual-Source-Strategie leichter erreichen, ohne dass der Wettbewerb beeinträchtigt wird.

Angenommen, es sind zwei Auftragspakete zu vergeben, für die zwei Lieferanten zur Verfügung stehen. Würde man nun entscheiden, dass eine Dual Source das einzig zulässige Ergebnis ist, wäre die Verhandlungsmacht des Einkaufs gering, da dann beide Lieferanten jeweils ein Paket gewinnen müssten. Ein Szenario-Bonus für eine Dual Source könnte in diesem Fall folgendermaßen lauten: Die beiden Pakete werden nacheinander verhandelt, das erste dabei unter Wettbewerb. Bei der anschließenden Verhandlung des zweiten Pakets erhält der Verlierer des ersten Pakets einen Bonus in Höhe von drei Prozent. Durch diesen Szenario-Bonus wird dieser Lieferant künstlich wettbewerbsfähiger gemacht. Dadurch ist ein Ergebnis mit zwei Lieferanten relativ wahrscheinlich, ohne den Wettbewerb zu eliminieren. Entscheidend ist jedoch, dass die Höhe des Dual-Source-Bonus widerspiegelt, wie wichtig dem Unternehmen die Zweilieferantenstrategie ist.

Beispiele für Bonus-Malus-Bewertungen

Um eine Bonus-Malus-Bewertung bei einem neuen Kunden durchzuführen, eruieren wir zuerst in einem Workshop mit dem Einkauf, welche Themen in der Interaktion mit Lieferanten relevant sind und in der Vergangenheit vielleicht sogar schon für Probleme gesorgt haben. Dabei gehen wir grundsätzlich immer mindestens folgende Liste durch:

• *Zahlungsbedingungen:* Gewährt ein Zulieferer Skonto oder, wie oben beschrieben, abweichende Zahlungsziele? Ein klassisches Thema für eine relative Bonus-Malus-Bewertung.

• *Gewährleistung:* Bietet ein Zulieferer eine umfangreichere oder weniger umfangreiche Gewährleistung an als im RfQ gefordert, kann dies auch mit einer Bonus-Malus-Bewertung versehen werden. Diese reicht von fixem Bonus/Malus (dem Preis einer zusätzlichen Versicherung) bis hin zu einem K.o.-Kriterium.

• *Rahmenvertrag/Vertragsprämissen:* Wird ein Rahmenvertrag verhandelt, sollten Abweichungen davon sorgfältig bewertet werden. Hier kann es helfen, einen Juristen des Unternehmens mit an Bord zu nehmen. Typische Themen sind Haftpflichtversicherungssummen oder Kündigungsfristen.

• *Performance des Lieferanten:* Hat das Unternehmen in der Vergangenheit bereits mit dem Lieferanten zusammengearbeitet und festgestellt, dass dieser so gut zugearbeitet hat, dass Manntage eingespart werden konnten, oder im Gegenteil, dass zusätzliche Mitarbeiter für die Betreuung des Lieferanten abgestellt werden mussten, ist das auch ein Thema für einen fixen Bonus/Malus. Hier bietet es sich an, den Aufwand zu schätzen und mit dem internen Verrechnungssatz zu multiplizieren. Auch können Vorleistungen honoriert werden. Hat der Lieferant Investitionen getätigt, um ein potenziell gemeinsames Projekt zu gewinnen (Hilfe bei den Zeichnungen/Spezifikationen), kann dies bei der Vergabe mit einem absoluten Bonus belohnt werden.

• *Wechselkosten:* Bei einem Lieferantenwechsel entstehen meist Kosten, die nicht auftreten, wenn man beim Stammlieferanten bleibt. Um diese zu berücksichtigen, sollten sie crossfunktional geschätzt werden. Diese Kosten können dann als absoluter oder relativer Malus an den neuen Lieferanten kommuniziert werden.

• *Logistik:* Auch die Incoterms sollten bei Abweichungen genau bewertet werden, am besten mithilfe der eigenen Logistik. Da unterschiedliche Incoterms sehr große Konsequenzen für die Logistik mit sich bringen können, gehen die Bewertungen von K.o.-Kriterium bis hin zu relativem Bonus/Malus. Natürlich gibt es bei der Logistik auch noch weitere Themen wie Verpackungskosten, die es zu bewerten gilt.

Natürlich gibt es noch viele weitere Themen für eine Bonus-Malus-Bewertung. Grundsätzlich gilt: Kann man eine Rechnung über den zu bewertenden Posten stellen, dann kann man ihn auch als Bonus/Malus bewerten. Wichtig bei der Bewertung ist, den realen monetären Unterschied für das Unternehmen zu erfassen. Manchmal kann man den Lieferanten auch über eine solche Bewertung steuern. Kommuniziert man ihm die veränderbaren Bonus-Malus-Bewertungen, haben wir schon oft festgestellt, dass der Zulieferer auf einmal deutlich kooperativer wurde beispielsweise bei den Vertragsprämissen. Und so kann eine solche Höhe der Bewertung auch durchaus strategisch genutzt werden.

Fazit
Lieferanten werden durch eine einheitliche monetäre Logik direkt miteinander vergleichbar. Dies ist eine Grundvoraussetzung, um den Wettbewerbs- und Preisdruck auf die Lieferanten zu maximieren und optimale Verhandlungsergebnisse zu erzielen. Gleichzeitig ermöglicht die monetäre Lieferantenbewertung eine Gesamtkostenbetrachtung gemäß dem Total-Cost-of-Ownership-Konzept. Dies stellt sicher, dass die richtigen unternehmerischen Entscheidungen getroffen werden. Dazu mehr im nächsten Kapitel.

2.8   Unternehmerische Bewertung der Kostenkomponenten

Die Angebote der Lieferanten vergleichbar zu machen, ist nur ein Schritt auf dem Weg zu einem optimalen Verhandlungsergebnis. Die weitere Grundvoraussetzung ist, dass der Einkauf bei der Kostenkalkulation auch unternehmerisch vorgeht. Hier ist ein Blick auf Private-Equity-Investoren und Business Angels hilfreich, die in ein Gründerteam investieren. Sie beurteilen Investments auf Basis von Businessplänen. Darin entwickeln die Unternehmer Prognosen über die zukünftige Geschäftsentwicklung des Start-ups. Da gibt es zum einen relativ genau vorhersehbare Informationen wie etwa Produktpreise, Mieten oder Equipmentkosten. Es gibt aber auch andere schwer vorhersehbare Faktoren wie z. B. die Entwicklung von Marktanteilen oder der erzielte Umsatz. In einem guten Businessplan werden dazu plausible Annahmen getroffen und somit möglichst realistische Erwartungen gebildet. Investoren werden dann aus einer Reihe von Start-ups diejenigen mit dem vielversprechendsten Business Case auswählen und in sie investieren (Metrick und Yasuda 2011).

Das unternehmerische Mindset eines Investors in der Start-up-Branche sollte Vorbildfunktion für den Einkauf haben. Gute Einkäufer zeichnen sich durch unternehmerisches Denken aus. Sie sollten sich fragen: Welche Möglichkeiten bietet mir der Markt? Wie lauten die Business Cases, die mir die Lieferanten zu bieten haben?

Die Realität im Einkauf sieht meist anders aus. Viele Einkäufer agieren auf der Suche nach attraktiven Opportunitäten nicht agil innerhalb des Markts ihrer Warengruppe. Stattdessen ergreifen sie Maßnahmen, die geeignet sind, ihre Boni zu maximieren und möglichst wenige politische Konflikte innerhalb des eigenen Unternehmens auszulösen. Das Ergebnis ist, dass immer wieder die gleichen Lieferanten den Zuschlag für Neugeschäft erhalten. Durch dieses Vorgehen können sie bequem einige Savings für das Bestandsgeschäft erzielen. So vermeiden sie auch Konflikte mit anderen Fachbereichen, die den Aufwand scheuen, der durch das Einphasen eines neuen Lieferanten entsteht. Um wahrhaft unternehmerische Sourcingentscheidungen treffen zu können, benötigt man auch im Einkauf eine vollständige Business-Case-Betrachtung. Eine zeitgemäße Business-Case-Kalkulation geht über die simple Multiplikation von Preisen und erwarteten Mengen hinaus und berücksichtigt auch nicht monetäre Themen und Risiken auf geeignete Weise.

Berücksichtigung aller Kostenkomponenten

Die Mindestanforderung für die Business-Case-Kalkulation ist die Herleitung von erwarteten Bedarfsmengen für den Nominierungszeitraum des Lieferanten. Für die Schlüsselwarengruppen kann der Vertrieb der meisten Unternehmen sinnvolle Prognosen erstellen. Anders verhält es sich bei Warengruppen von geringerer Bedeutung für das eigene Unternehmen. Dafür müssen künftige Bedarfe z. B. anhand von historischen Daten oder Expertenschätzungen hergeleitet werden. Die Teilenummer-spezifischen Bedarfe werden dann mit den Kosten je Teilenummer multipliziert. Neben dem bloßen Teilepreis sollten allerdings auch weitere Faktoren wie die Logistik- und Verpackungskosten berücksichtigt werden. Dazu gehören auch die Kosten für zusätzlich zu den Teilepreisen entstehende einmalige Investitionen wie z. B. Entwicklungskosten, die beim Sourcing an einen Lieferanten bezahlt werden müssen.

Berücksichtigung interner Kosten
Abhängig vom jeweiligen nominierten Lieferanten unterscheiden sich häufig auch die internen Aufwände. Beispielsweise wird bei einem neuen Lieferanten grundsätzlich ein gewisser Onboarding-Aufwand erforderlich sein. Diese Kosten kann man sinnvoll herleiten, indem man den internen Mehraufwand (in Manntagen) schätzt und mit den internen Kosten (kalkulatorischer Manntagessatz) multipliziert. Oft benötigt man beim Sourcing eines neuen Lieferanten zusätzlich neue Werkzeuge für die eigene Wertschöpfung. Diese Zusatzkosten gehören ebenso in eine möglichst vollständige Business-Case-Kalkulation.

Berücksichtigung von Unsicherheit und Risiken
In der Regel besteht im Einkauf ein hohes Maß an Unsicherheit bezüglich der zu erwarteten Bedarfe. Häufig werden Lieferanten trotz hoher zu erwartender Volatilität der Bedarfe gezwungen, Preise nur für das wahrscheinlichste Mengenszenario anzubieten. Aufgrund dieser Unsicherheit preisen Lieferanten Risikopuffer ein, die ihnen auch dann eine ausreichende Gewinnmarge sichern, wenn die tatsächlichen Bedarfe die prognostizierten Werte unterschreiten. Deshalb kann es für den Einkauf sinnvoll sein, Staffelpreise zu verhandeln. Dabei könnte das realistische bzw. wahrscheinlichste Mengenszenario z. B. noch durch ein pessimistisches und ein optimistisches Szenario ergänzt werden. Um diese Mengenszenarien in einen Business Case zu überführen, müssen die Mengenszenarien mit Wahrscheinlichkeiten gewichtet werden.

Ähnlich verhält es sich, wenn zum Zeitpunkt des Sourcings noch nicht feststeht, welche Produkte oder Technologien sich letztlich am Markt durchsetzen und folglich einen hohen Bedarf mit sich bringen (siehe dazu auch *Contingency Pricing* in Abschn. 2.8). Beim Betrieb eines Logistikcenters könnte zum Zeitpunkt des Sourcings beispielsweise noch nicht feststehen, ob mit einem Cross-Docking-Konzept oder einer herkömmlichen Umschlagsart gearbeitet wird. In diesem Fall sollten in den Verhandlungen Preise für die unterschiedlichen Konzepte bzw. Szenarien verhandelt werden. Durch eine sinnvolle Gewichtung beider Szenarien kann ein Business Case errechnet werden, der den im Erwartungswert günstigsten Lieferanten identifiziert.

Berücksichtigung von zeitlichen Präferenzen und Ungeduld
Wie beschrieben, bevorzugen Menschen im Allgemeinen eine Auszahlung von 1000 EUR heute gegenüber einer Auszahlung von 1000 EUR in einem Jahr. Wenn man den Betrag heute erhält, kann man das Geld anlegen und wird in einem Jahr (außer bei negativen Zinsen) mehr als 1000 EUR besitzen, oder man kann Schulden tilgen und Kreditkosten sparen. Diese Denkweise ist auch im Einkauf

sinnvoll. In der Business-Case-Kalkulation berücksichtigt man dies in Form von Diskontierung. Dadurch werden die einzelnen Jahresscheiben eines Business Case unterschiedlich stark gewichtet. Frühe Jahre werden stärker, spätere Jahre zunehmend schwächer im Business Case gewichtet. Durch die Diskontierung werden sinnvolle Anreize gesetzt. Ohne Diskontierung macht es für die Business-Case-Betrachtung einen relativ kleinen Unterschied, ob mir ein Lieferant heute drei Prozent Savings auf den Teilepreis gibt oder erst im zweiten oder dritten Jahr der Vertragslaufzeit. Durch die Diskontierung werden jedoch attraktive Preise in frühen Vertragsjahren stärker gewichtet. Ein Lieferant, der starkes Interesse an einer Nominierung hat, kann sich so einen Wettbewerbsvorteil verschaffen, indem er bereits einen niedrigen Startpreis anbietet und gegebenenfalls auf das Angebot von weiteren Preisreduktionen in späteren Jahren der Vertragslaufzeit verzichtet.

Fazit

Um unternehmerisch verantwortungsvolle und richtige Entscheidungen zu treffen, ist eine valide Business-Case-Kalkulation nützlich, die über eine simple Multiplikation von Preisen und Bedarfsmengen hinausgeht. Die korrekte Abbildung von internen Kosten, die weitsichtige Berücksichtigung von Unsicherheiten und Risiken sowie die geeignete Modellierung zeitlicher Präferenzen stellen eine gesamtunternehmerisch optimale Entscheidung sicher.

2.9   Absicherung gegenüber Preis-Nachverhandlungen

Sobald ein Unternehmen einen Lieferanten für eine langjährige Zusammenarbeit nominiert, gibt es diesem die Gelegenheit, sich in Nachverhandlungen günstigere Bedingungen auszuhandeln, weil das Unternehmen die dann entstehenden Wechselkosten scheut. Dieser Moral-Hazard-Effekt ist besonders in Branchen mit hochgradigem Änderungsmanagement und zahlreichen Unsicherheiten weit verbreitet. Der Einkauf sieht sich einem Lock-in-Effekt ausgesetzt, durch den sich seine Verhandlungsmacht nach einer Nominierung gewaltig verschlechtert. Vor der Nominierung des Lieferanten ist die Situation noch grundlegend anders. Zu diesem Zeitpunkt stehen noch mehrere Lieferanten zur Auswahl und der Wettbewerb ist noch aktiv. Nach einer Vergabe sieht sich der Einkauf oft mit einem De-facto-Monopolisten konfrontiert. Die Wechselkosten sind dann hoch und Nachverhandlungen aufgrund der veränderten Stellung zäh. Es ist für das einkaufende Unternehmen daher entscheidend, dass die auszuhandelnden Verträge robust gegenüber Veränderungen sind und die Preise automatisch für unterschiedliche Situationen vorgeben. Dazu gibt es vier Instrumente:

1. Staffelpreise:
Bei mengenabhängigen Staffelpreisen werden Preise abhängig von den Mengen differenziert. Man spricht auch von Mengenrabatten oder Volume Discounts. Dass Staffelpreise in der Praxis unterschätzt werden, hat einen Grund: Für den Einkauf ist es relativ aufwendig, die Entwicklung von Mengen festzulegen, die ausschlaggebend für die relevante Preisstaffel sind. Staffelpreise sind jedoch eines der wenigen Instrumente, die echte Win-win-Lösungen in Verhandlungen ermöglichen. Denn sie geben den Lieferanten die Chance, Risiken besser abzuschätzen und Risikoprämien zu reduzieren. Letzteres führt dazu, dass sie niedrigere Preise anbieten können. Außerdem kann es bei hohem Fixkostenanteil sein, dass der Zulieferer Skaleneffekte bei seinen Kosten realisieren und so größere Mengen zu ungemein günstigeren Stückpreisen anbieten kann.

Die meisten Verträge werden im Einkauf jedoch auf Basis eines einzigen Mengengerüsts formuliert. Die vom Lieferanten angebotenen Preise und die vorgegebenen Mengen des Einkaufs sind dann die Grundlage, einen Business Case zu berechnen. Die tatsächlich realisierten Mengen können in der Regel aber nur ungenau vorhergesagt werden. Um sich abzusichern, wird der Lieferant Preise anbieten, die ihm auch bei Unterschreitung der kommunizierten Mengen einen Gewinn ermöglichen. D. h. der Lieferant wird eine Risikoprämie in seine Kalkulation aufnehmen.

Als Alternative können Preise z. B. für drei Mengenszenarien verhandelt werden: Ein realistisches, ein pessimistisches (etwa 20 % unter dem realistischen Mengenszenario) und ein optimistisches (20 % darüber). Der Lieferant kann nun für jedes Szenario Preise anbieten, die ihm gewährleisten, dass sich seine Investitionen amortisieren und die Grenzkosten decken. Bei Staffelpreisen ist es erforderlich, alle Mengenszenarien mit einer sinnvollen Wahrscheinlichkeit zu gewichten. In der Praxis werden dazu gerne vereinfachende Annahmen getroffen. Beispielsweise könnte das realistische Szenario mit 50 % gewichtet werden und die beiden anderen Mengenstaffeln mit jeweils 25 %.

2. Contingency Pricing:
Analog zu den Staffelpreisen funktioniert das Konzept des Contingency Pricing. Dabei bepreist man jedoch nicht unterschiedliche Mengenstaffeln der gleichen Produkte, sondern variiert die Produkte bei konstantem Mengengerüst. Dieses Vorgehen ist sinnvoll, wenn zum Zeitpunkt der Vergabe noch nicht final feststeht, welche Spezifikation in Zukunft optimal sein wird. Dieses Konzept findet man beispielsweise, wenn für ein Bauteil unterschiedliche Materialien wie Kupfer und Aluminium verwendet werden können. Kupfer ist günstiger, aber schwerer.

Die Entscheidung darüber, welches Material in Zukunft optimal sein wird, hängt ab zum einen von der Preisentwicklung beider Materialien und zum anderen von externen Faktoren. Verlangt beispielsweise eine verschärfte CO_2-Gesetzgebung, das Bauteilgewicht zu reduzieren, wird Aluminium attraktiver. Daher kann es sinnvoll sein, sowohl einen Business Case für Kupfer als auch einen für Aluminium zu berechnen. Um dann die korrekte Vergabeentscheidung treffen zu können, müssen – wie bei Staffelpreisen – die beiden Szenarien mit einer sinnvollen Eintrittswahrscheinlichkeit gewichtet werden. Natürlich wäre es in diesem speziellen Fall auch sinnvoll, die Metallpreise an einen Index zu knüpfen, um die Risikoprämien für potentielle Rohmaterialpreisschwankungen zu vermeiden. Diese sogenannten Rohmaterialpreisklauseln werden wir noch in Punkt 4 beleuchten.

3. Change-Management-Katalog:
Ähnlich sinnvoll ist ein Change-Management-Katalog. Denn technische Veränderungen nach der Auftragsvergabe sind in vielen Branchen üblich. Die Parameter eines Bauteils lassen sich etwas vereinfacht in Standardausprägungen und Sonderausprägungen unterteilen. Dann sollten nicht nur die Preise für Standardausprägungen (z. B. Standardlänge, Standardbreite, Standardgewicht etc.), sondern auch die prozentualen Preisaufschläge für Sonderausprägungen abgefragt werden. Dieses Vorgehen ermöglicht, dass man die Kosten des Änderungsmanagements vor Vergabe unter Wettbewerb verhandelt. Geschieht das nicht, ist davon auszugehen, dass Nachverhandlungen nach dem Lock-in wesentlich teurer für den Einkauf werden.

4. Indexformeln:
Der Preis von Bauteilen hängt grundsätzlich von den Rohstoffen ab, die in das Bauteil eingehen. Je nach Warengruppe kann der Rohstoffanteil bis zu 90 % des Preises ausmachen. Gewiefte Vertriebler werden deshalb in Zeiten steigender Rohstoffpreise versuchen überproportional große Preiserhöhungen für Serienprodukte durchzudrücken. Umgekehrt ist kaum zu erwarten, dass der Lieferant sich selbst melden wird, wenn Rohstoffpreise fallen und eine Preisreduktion angemessen wäre. Doch aufgrund der Kosten, die mit dem Austausch des Lieferanten verbunden wären und anderen Wechselbarrieren dürfte der Lieferant in Nachverhandlungen wegen Rohstoffpreisveränderungen am längeren Hebel sitzen. Um einen verhandlungstaktischen Nachteil nach Vertragsabschluss zu vermeiden, sollte der Einkauf vor Vertragsabschluss auf einer Index-basierten Materialpreisklausel bestehen. Das verhindert nicht nur unangenehme Nachverhandlungen,

sondern reduziert auch die Gefahr von Risikoprämien, die Lieferanten möglicherweise aus Angst vor steigenden Rohstoffpreisen einpreisen.

In der Praxis gibt es mehrere Varianten von Materialpreisklauseln. Selten findet man die einfachste Form: den Rohstoffpreis zu einem bestimmten Stichtag, z. B. dem 1. Januar. Diese stichtagsgenaue Anpassung ist bei volatilen Rohstoffpreisen problematisch. Einzelne Ausreißer eines Index sind nicht repräsentativ für die tatsächlichen Beschaffungskosten des Lieferanten. Daher verwendet man in der Regel geglättete Durchschnittswerte eines Rohstoffindex, z. B. den Durchschnittspreis des Index in den vergangenen zwölf Monaten. Um zu vermeiden, dass bereits bei geringfügigen Preisschwankungen das gesamte Produktportfolio regelmäßig preislich angepasst werden muss, nutzt man in der Praxis in der Regel Toleranzfenster für die Anpassung. Weicht der Materialpreis beispielsweise um weniger als plus/minus zehn Prozent vom Basispreis ab, so findet keine Preisanpassung statt.

Materialpreisklauseln werden oft bei rohstoffintensiven Bauteilen angewendet. Ein klassisches Beispiel dafür sind Kupferbauteile. Sie sind gut für Materialpreisklauseln geeignet, weil der Materialanteil typischer Weise relativ hoch ist und transparente und gleichzeitig manipulationsfreie Indices verfügbar sind, die den Weltmarktpreis gut abbilden.

Fazit
Nachverhandlungen mit Lieferanten sind möglichst zu vermeiden, da diese nach Vertragsabschluss in einer stärkeren Position sind aufgrund der zusätzlichen Kosten, die mit ihrem Austausch verbunden wären. Dazu müssen in die Verträge geeignete Instrumente zur Abbildung künftiger Preise eingefügt werden.

2.10 Verhandlungsdesign

Konventionelle Einkaufsverhandlungen, bei denen ein Einkäufer aus mehreren Lieferanten auswählen kann, verlaufen in der Praxis meist entsprechend folgendem Muster: Nachdem die Angebote vollständig vorliegen, geht ein Einkäufer in Einzelgespräche mit den Lieferanten und gibt jedem ein – ehrliches oder frei erfundenes – Feedback dazu, wie dieser in Relation zum Wettbewerb steht. Ein guter Einkäufer verwendet zusätzlich kostenanalytische Methoden, z. B. Cost Break Downs, um eine sachliche Diskussion über einen angemessenen Preis mit dem Lieferanten führen zu können. Danach wird der Einkäufer die Lieferanten auffordern, ein verbessertes Angebot vorzulegen, ohne jedoch verbindliche Versprechungen über die Auftragsvergabe machen zu können. Das Ergebnis der Verhandlungen wird der Einkäufer dann in einem Entscheidungsgremium präsentieren und einen Lieferanten zur Nominierung empfehlen. Das Gremium wird schließlich einen Lieferanten auswählen oder weitere Verhandlungsrunden anordnen.

Dieses Vorgehen halten wir für ein naives Verhandlungsdesign. Mit dem Begriff Verhandlungsdesign meinen wir das Regelwerk einer Verhandlung. Dieses legt fest, wer ein Angebot macht (Einkauf oder Vertrieb), wann Angebote gemacht werden dürfen und unter welchen Bedingungen ein Lieferant nominiert wird. Einer der wichtigsten Unterschiede gegenüber der konventionellen, oben beschriebenen Verhandlung besteht darin, dass die Regeln feststehen, *bevor* Anbieter ihre Angebote abgeben. Jeder potenzielle Zulieferer weiß also genau, was es bedeutet, wenn er sein Angebot verbessert. Das sorgt wiederum dafür, dass sich die Anreize des Einkaufs und der Zulieferer tendenziell angleichen: Der Einkauf möchte günstige Preise und der Zulieferer weiß, dass er durch Angebotsverbesserungen den Auftrag bekommen kann und dass sich dadurch seine Gewinnerwartung verbessert. Das ist in der konventionellen Verhandlungssituation nicht unbedingt der Fall: Da der Prozess sehr intransparent ist, ist nicht klar, wie sich eine Angebotsverbesserung auswirkt, insbesondere wenn es nicht direkt um den Preis geht (Abb. 2.7).

Diese zeitliche Abfolge, dass die Regeln vorab festgelegt und kommuniziert wurden, wirkt auf den ersten Blick vielleicht wie ein kleines Detail, hat aber in der Vergabepraxis enorme Auswirkungen. Das konnte auch in Studien gezeigt werden (Fugger et al. 2016). So wurden Studenten mit einer von zwei Verhandlungssituationen konfrontiert: Entweder es war klar, was die Vergabeentscheidung beeinflusst, etwa eine Auktion, oder es bestand eine Restunsicherheit über die Entscheidungsregeln. Sogar die Studenten ohne Verhandlungs- oder Einkaufserfahrung verhielten sich so, dass sie in dem intransparenten Setting keine kompetitiven Angebote abgaben. Es war sogar eine Art implizite Kollusion in Bezug auf hohe Preise zu beobachten.

Mit der spieltheoretischen Analyse dieser Verhandlungsdesigns beschäftigt sich die Auktionstheorie. Die Suche nach der optimalen Gestaltung wird auch als Mechanism Design bezeichnet. Für beide Disziplinen wurden schon Nobelpreise vergeben: 2007 an Leonid Hurwicz, Eric S. Maskin und Roger B. Myerson für ihre Beiträge zu Mechanism Design und 2020 an Robert Wilson und Paul Milgrom für ihre Abhandlungen zur Auktionstheorie und die Entwicklung neuer Auktionsformate. Mechanism Design wird dabei folgendermaßen erklärt (Conitzer und Sandholm 2018): „Mechanism Design ist die Kunst, die Spielregeln (aka. Mechanismus) so zu gestalten, dass trotz der Tatsache, dass jeder Agent

Konventionelle
sequentielle Verhandlung

Strukturierte
Wettbewerbsverhandlung

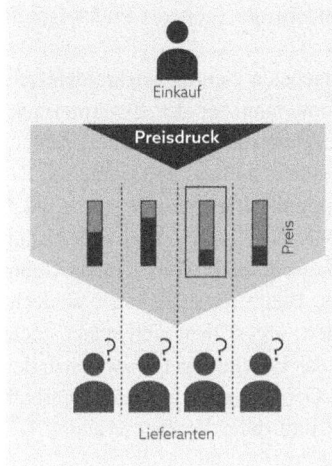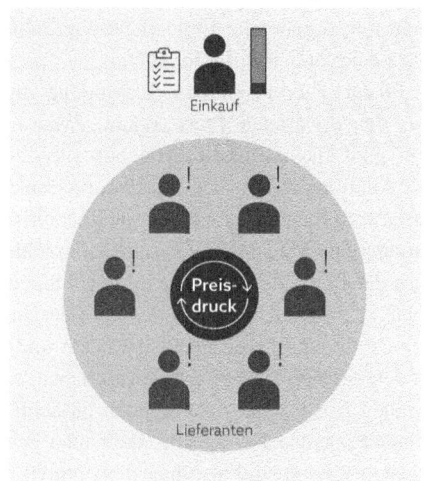

Abb. 2.7 Unterschied zwischen einer konventionellen Verhandlung und einer strukturierten Wettbewerbsvergabe – Bei einer konventionellen Verhandlung stammt der Preisdruck vom Einkauf. Er muss die Lieferanten zu Preisreduktionen bewegen. Bei einer strukturierten Wettbewerbsvergabe entsteht der Preisdruck durch den Wettbewerb und durch das Vergabedesign. Der Einkauf nimmt eine passive Rolle ein

in seinem Eigeninteresse handelt, ein wünschenswertes Ergebnis (gemäß einem vorgegebenen Ziel) erreicht wird.“

Und genau das ist auch die Aufgabe des Einkäufers: Je nach Situation entwickeln Verhandlungsprofis mit spieltheoretischer Ausbildung ein fallspezifisches Verhandlungsdesign. Die Bieter werden zwar immer im eigenen Interesse handeln, sie können aber durch geschicktes Festlegen der Regeln so gelenkt werden, dass der Einkäufer am Ende zufrieden mit dem Ergebnis sein kann. Dabei hat er verschiedene Methoden, dies zu steuern:

1. Sealed-Bid-Auktionen:
Das einfachste, häufig verwendete Design im Einkauf ist ein First Price Sealed Bid, auch Erstpreisauktion genannt. Danach reichen mehrere Lieferanten ein Angebot ein und derjenige Lieferant, der das beste Angebot macht, wird dann zu seinem angebotenen Preis nominiert. Auch das oben beschriebene konventionelle

Vorgehen im Einkauf ist im weitesten Sinne ein First Price Sealed Bid. Zudem gibt es noch den Second Price Sealed Bid, die Zweitpreisauktion. Auch dabei wird derjenige Lieferant nominiert, der den besten Preis anbietet. Allerdings wird ihm nicht der angebotene Einkaufspreis gezahlt, sondern der (höhere) Einkaufspreis des zweitplatzierten Lieferanten.

In der Theorie sind beide Modelle im einfachsten Setting sogar identisch, was den erwarteten Preis angeht: Zwar bekommt man bei der Zweitpreisauktion „nur" das zweitbeste Angebot, allerdings reagieren die Bieter strategisch auf das Auktionsformat: bei der Zweitpreisauktion geben sie bessere Gebote ab. Bei der Zweitpreisauktion ist die spieltheoretisch optimale Bietstrategie sehr einfach herzuleiten: Man sollte zu seinen tatsächlichen Kosten bieten. Das liegt daran, dass der Preis, den man am Ende als Sieger bekommt, nicht vom eigenen Gebot abhängt, sondern vom besten Gebot der anderen. Bietet man also einen schlechteren Preis an als die eigenen Kosten und verliert, ärgert man sich später, nicht zu den eigenen Kosten geboten zu haben, wenn das Gewinnergebot zwischen den eigenen Kosten und dem eigenen tatsächlichen Gebot lag. Bietet man unterhalb seiner Kosten, kann es sein, dass man gewinnt und dann Verluste erleidet. Die eigenen Kosten sind also hier das optimal Gebot.

Das Zweitpreisdesign hat allerdings zwei Schwächen. Erstens müssen die Lieferanten wirklich glauben, dass ein Einkäufer einen günstigeren Preis sieht und dann trotzdem den zweitgünstigsten zahlt und nicht trickst und einen Preis dazwischen wählt. Hier ist also eine ganze Menge Vertrauen nötig. Zweitens ist es auch für den Einkäufer schwierig, er muss danach seinem Management im schlimmsten Fall erklären, dass es einen Anbieter gab, der X Prozent günstiger war, aber man konnte diesen guten Preis wegen des Vergabedesigns nicht nutzen. Aus den beiden Gründen wird es in der Praxis nicht angewendet.

2. Dynamische Auktionen:

Bei Verhandlungen mit mehr als einem Lieferanten sind sogenannte dynamische Auktionen eine sehr erfolgreiche Methode. Bei einer Einkaufsauktion wählt der Einkäufer den Startpreis und die Preisschritte. Diese Preisschritte werden dann in zeitlicher Abfolge abgelaufen, deshalb spricht man von einer dynamischen Auktion. Die *Holländische Auktion* ist dabei die wichtigste Auktionsform im Einkauf. Dabei bietet der Einkauf den Lieferanten einen sehr niedrigen Startpreis. Wenn kein Lieferant den angebotenen Preis akzeptiert, wird er sukzessive erhöht. Die Auktion endet sofort, sobald ein Lieferant einen Angebotspreis bestätigt. Die Herausforderung bei der Holländischen Auktion besteht in der Wahl des geeigneten Startpreises. Idealer Weise soll er ambitioniert, aber nicht unrealistisch sein. Wird er zu hoch angesetzt, wird er sofort von einem Lieferanten bestätigt. In diesem

Fall ist das für den Einkauf nicht zufriedenstellend, weil man durch einen aggressiveren Startpreis höhere Savings hätte erzielen können. Schlimmer noch: Man
weiß es nicht einmal sicher, da man keine Information darüber erhält, wie weit
ein Zulieferer den Preis noch reduziert hätte. Wählt man den Startpreis dagegen
zu aggressiv, so benötigt man am Verhandlungstag zahlreiche Preisschritte, um
ein plausibles Preisniveau zu erreichen. Das kann durchaus zu Frustrationen bei
den Zulieferern führen, zudem verlieren alle Beteiligten Zeit.

Bei der *Englischen Auktion* ist es, salopp formuliert, umgekehrt. Hier wählt der
Einkauf einen relativ hohen Startpreis, den zumindest zwei Lieferanten mit hoher
Wahrscheinlichkeit bestätigen können. Es gibt nun zwei Spielarten[2]: Bei der Englischen Open-Outcry-Auktion können Zulieferer sich nun gegenseitig unterbieten.
Die Auktion endet, wenn kein Bieter mehr den Preis verbessern möchte. Der Lieferant, dessen Preis am Ende nicht mehr durch einen anderen Bieter verbessert
wird, bekommt den Zuschlag. Bei der Englischen Ticker-Auktion, auch Japani-
sche Auktion genannt, wird der Preis sukzessive gesenkt, solange zumindest zwei
Lieferanten den angebotenen Preis akzeptieren. Die Auktion endet, wenn nur noch
ein Lieferant bei dem angebotenen Preis zuschlägt. Dieser Lieferant bekommt
dann den Auftrag zu dem Preis, bei dem die Auktion gestoppt hat. Beide Varianten
der Englischen Auktion funktionieren sehr gut bei einer Vielzahl von potenziellen
Lieferanten, die preislich wettbewerbsfähig sind, also nicht zu weit auseinanderliegen. Dann kann eine Englische Auktion einen Bieterwettbewerb anheizen und
sehr gute Ergebnisse bringen. Ist die Angebotssituation jedoch durch eine preisliche Angebotsasymmetrie gekennzeichnet, besteht bei der Englischen Auktion die
Gefahr, dass die Auktion frühzeitig endet. D. h. der Lieferant, der vor Auktions-
beginn bereits das beste Angebot hatte, gewinnt die Auktion ohne eine weitere
Preisverbesserung, weil seine Wettbewerber frühzeitig aus der Auktion austreten.
Dazu noch ein Beispiel später in diesem Kapitel.

Die vier bisher vorgestellten Formate hängen paarweise zusammen: nämlich
die Holländische und die Erstpreis- sowie die Englische und die Zweitpreis-
Auktion. Die Holländische Auktion ist eine dynamische Version der Erstpreisauktion: Der Preis steigt und der Bieter, der mit seinem Gebot zuschlägt, gewinnt die
Auktion zu seinem Preis. In der Spieltheorie sind die beiden Formate strategisch
äquivalent: Der Bieter würde zum gleichen Preis bei der Holländischen Auktion
zuschlagen, den er bei der Erstpreisauktion als Gebot abgeben würde. Bei der
Englischen Ticker-Auktion dagegen fällt der Preis, bis nur noch ein Bieter in der
Auktion vertreten ist, die Auktion stoppt also beim zweitbesten Gebot. Das ist der

---

[2] Wenn wir im Buch von „Englischer Auktion" sprechen, meinen wir grundsätzlich die
Spielart „Englische Ticker-Auktion".

gleiche Mechanismus wie bei der Zweitpreisauktion: Der Gewinner bekommt den Auftrag zum zweitbesten Preis. Analog dazu bekommt der Gewinner der Englischen Open-Outcry-Auktion den Auftrag zum zweitbesten Preis minus einen Preisschritt, da er den zweitbesten Bieter noch unterbieten musste.

Für Holländische und Englische Auktionen gibt es in der Praxis noch zusätzliche Modifikationen. Die Holländische Auktion kann z. B. auch mit Rangvorteilen ergänzt werden. In dem Fall erhält der Lieferant mit Rang eins ein Angebot immer als erster vor allen anderen. Englische Auktionen können etwa durch einen Stop-now-Button ergänzt werden. Das heißt einer oder mehrere Lieferanten können die Englische Auktion sofort beenden, indem sie einen aggressiveren Preis akzeptieren. Auch das Rückspielen an Informationen kann gesteuert werden. So kann beispielsweise der aktuelle Rang nach dem RfQ oder der Vorrunde den Bietern kommuniziert werden. Wenn die Zulieferer bereits wissen, dass sie eng aneinander liegen, kann diese Information für zusätzlichen Wettbewerb sorgen. Beliebt ist auch, die Distanz zum Führenden in einer Ampellogik zu kommunizieren: Hier wird jedem Zulieferer eine Ampel gezeigt: Grün bedeutet beispielsweise weniger als 4 % zum Führenden, gelb zwischen 4 und 6 % und rot mehr als 6 %. Dem Führenden wird auch nur die grüne Ampel mitgeteilt, er weiß also nicht, dass er dabei ist zu gewinnen, ihm bleibt eine gewisse Unsicherheit. Und die anderen Zulieferer bekommen eine gute Vorstellung, wie sie im Vergleich zu Wettbewerbern stehen. Das ist wichtig, wenn Common Values eine Rolle spielen, wie wir in diesem Kapitel noch sehen werden.

Werden mehrere Vergabepakete gleichzeitig verhandelt, so kann dies in einer kombinatorischen Auktion geschehen. Dabei können Lieferanten gleichzeitig auf einzelne Pakete sowie auf Bündel von Paketen bieten. Einfache kombinatorische Auktionen werden seit vielen Jahren beispielsweise bei Immobilienauktionen eingesetzt (Quan 1994; Goossens et al. 2014), in jüngerer Zeit auch im Transportsektor (Hammami et al. 2019) und bei der Vergabe von Funkfrequenzen für drahtlose Kommunikation (Porter et al. 2003). Obwohl sie den Bietern mehr Möglichkeiten geben, stellen kombinatorische Auktionen im Vergleich zu traditionellen Auktionen den Auktionsdesigner wie auch die Bieter vor größere Herausforderungen. Sie sollten daher nur genutzt werden, wenn beide Seiten erfahren sind und sich entsprechend vorbereiten können. Aufgrund dieser größeren Anforderungen werden sie nur selten genutzt, bei einem Survey unter deutschen Unternehmen gaben nur 15 % an, eine solche kombinatorische Auktion genutzt zu haben (Eichstädt, T. 2007).

Dazu gibt es noch eine Reihe von alternativen Auktionsformen, die in der Praxis aber nur selten zum Einsatz kommen. Bei einer *Brasilianischen Auktion* beispielsweise ist der Preis fixiert und die Bieter konkurrieren, indem sie zusätzliche Leistungen anbieten. Dieses Vorgehen ist beispielsweise bei der Verhandlung von kreativen Dienstleistungen sinnvoll. Oftmals werden unterschiedliche Auktionsformen kreativ kombiniert, wenn das verhandlungstaktisch sinnvoll ist. Dadurch werden auch immer wieder neue und innovative Verhandlungsregeln für Auktionen entwickelt.

3. Direktangebote:
Ein besonders beliebtes Verhandlungsdesign sind Direktangebote, wenn es trotz Wettbewerb eine starke Präferenz für einen Lieferanten gibt. Das heißt der Einkauf macht ein verbindliches Angebot an einen Lieferanten. Wenn der Lieferant den angebotenen Preis akzeptiert, wird er unwiderruflich nominiert. Direktangebote unterscheiden sich jedoch in der Konsequenz, die eine Ablehnung des Angebots hat. So kann bei einem Take-it-or-leave-it-Angebot (TIOLI) der Lieferant das Angebot nur annehmen oder ablehnen. Bei einem Take-it-or-best-Offer-Angebot (TIOBO) kann der Lieferant das Angebot akzeptieren oder ablehnen und gegebenenfalls ein Gegenangebot machen. Es ist dann jedoch unklar, ob dieses vom Einkauf akzeptiert oder abgelehnt wird. Als dritte Spielart gibt es das Take-it-or-Auction-Angebot (TIOA), bei dem die Ablehnung des Angebots dazu führt, dass das Vergabepaket im Wettbewerb im Zuge einer Auktion verhandelt wird. Dieses Format ist ein wichtiges Werkzeug des Einkaufs bei Verhandlungen mit einem Bestandslieferanten: Will man aus verschiedenen Gründen diesem ein Angebot unterbreiten, statt sofort eine Wettbewerbsvergabe durchzuführen, baut diese Option großen Wettbewerbsdruck auf, obwohl es keine Wettbewerbsvergabe ist. Gerade wenn es mehrere Anbieter gibt, versteht der Bestandslieferant, dass er entweder jetzt ein bisschen einknicken oder sich in Zukunft jedes Mal in Wettbewerbsvergaben behaupten muss.

Wann welches Format?
In der Praxis werden oft verschiedene Auktionsformate kombiniert. Die Frage nach *dem* richtigen Auktionsformat kennt also häufig keine eindeutige Antwort. Allerdings gibt es einige Richtlinien, an denen man sich orientieren kann (siehe auch Abb. 2.3: Wann welche Auktionsform am besten ist). Die erste Frage, die sich ein Auktionsdesigner stellt, lautet: dynamisch oder statisch? Also Holländisch oder Erstpreis; Englisch oder Zweitpreis? Wie erwähnt spielen Zweitpreisauktionen so gut wie keine Rolle. Bleiben also die drei anderen Formate. Bei einer dynamischen Auktion besteht die Möglichkeit, Informationen zwischen den Bietern fließen zu lassen. Hat man als Einkäufer das Gefühl, dass Bieter den Wettbewerb unterschätzen, kann eine Englische Auktion sehr nützlich sein: Die

Bieter realisieren bei jedem Preisschritt, dass immer noch andere mit im Rennen sind, und sie müssen erkennen, dass der Wettbewerb vielleicht doch härter ist, als sie gedacht haben. Allerdings muss man sich bewusst sein, dass hier eine Holländische Auktion nicht hilft: Sobald Information fließt, also dass ein Bieter zugeschlagen hat, ist es zu spät, die Auktion ist vorbei.

Deshalb eignet sich das Format auch gut als Vorstufe bei einem Vergabemechanismus: Dabei wird in einer ersten Qualifikationsrunde der Bieterpool von zum Beispiel fünf Zulieferern auf drei reduziert; nur die letzten drei Bieter dürfen dann an der tatsächlichen Vergabe teilnehmen. Nutzt man hierfür eine Englische Auktion, die beispielsweise bei einem Teilepreis von 150 EUR gestartet ist und der bis 100 EUR fällt, haben die übriggebliebenen Bieter gelernt, dass alle bereit sind, den Auftrag zu mindestens 100 EUR anzunehmen. Das Format kann also sehr wirksam sein, wenn man den Bietern ein Signal über die Intensität des Wettbewerbs geben will. Allerdings kann dieser Informationsfluss auch seine Tücken haben. Vermutet man Kollusion bei den Zulieferern, kann der Informationsfluss den Bietern sogar dabei helfen. Denn damit Kollusion funktioniert, muss das Kartell meist beobachten können, wie sich seine einzelnen Akteure verhalten, um eventuelle Abweichungen bestrafen zu können. Bei einem Prozess, der viel Informationsfluss über das Verhalten seiner Teilnehmer zulässt, kann das diese Kontrolle vereinfachen.

Zu beachten ist in diesem Kontext auch der sogenannte „Winner's Curse", der Fluch des Gewinners (Capen et al. 1971). Dieser kann bei Auktionen entstehen, bei denen das Gut oder der Auftrag für alle Bieter zwar objektiv mehr oder weniger den gleichen Wert hat, sich die Bieter allerdings über diesen Wert jeweils ihre eigenen Informationen verschafft haben. Sie sind sich dabei unsicher, wie exakt ihre Informationen sind. Man spricht von einer Situation mit Common Values. Ein häufig genanntes Beispiel hierfür ist die Auktion von Förderrechten an einem Ölfeld, an der mehrere Bieter auf Basis jeweils eigener geologischer Gutachten teilnehmen. Dadurch haben sie bei demselben realen Ölvorkommen unterschiedliche Signale, sie können also das Vorkommen über- oder unterschätzen.

Für den gewinnenden Bieter bedeutet der Sieg eine gute und schlechte Nachricht: Natürlich kann er sich freuen über die erworbenen Rechte, aber die Wahrscheinlichkeit ist groß, dass er einer der Bieter ist, die das Vorkommen überschätzt und dementsprechend zu viel geboten haben. Weil er am allermeisten geboten hat, ist die Wahrscheinlichkeit am höchsten, dass er sich auch am meisten verschätzt hat. Da gewinnen demnach schlecht sein kann, heißt deshalb dieser Effekt Winner's Curse, und den sollten Bieter im Hinterkopf behalten. Was bedeutet das für das Design der Auktion? Um sich vor dem Winner's Curse zu schützen, also dem Risiko für die Rechte ein zu hohes Gebot abzugeben, reduzieren Bieter ihr Gebot um eine Risikoprämie. Diese Risikoprämie soll dafür sorgen, dass selbst wenn ein Bieter sich verschätzt hat, er immer noch mit Gewinn aus dem Prozess geht. Diesen Effekt gibt es natürlich nicht nur beim Kauf von Förderrechten, sondern auch im Einkauf.

Um den Winner's Curse zu verringern, hilft wieder Informationsfluss: Wenn Bieter sehen, dass noch viele andere Bieter mit im Rennen sind, können sie davon ausgehen, dass sie das Gut nicht zu sehr überschätzen. Deshalb brauchen sie dieses Risiko nicht so stark einzupreisen und können aggressiver bieten. Ähnlich gelagerte Beispiele sind Spektrumauktionen (Frequenzversteigerungen), Auktionen im Tiefbau (die Kosten können explodieren, wenn auf einmal vorher unbekannte geologische Probleme auftreten) oder IPOs.

Man kann die Effekte des Winner's Curse auch am Erfolg der verwendeten Mechanismen beobachten. Erwartet man eine signifikante Common-Value-Komponente des versteigerten Guts, sollte ein Design, das den Fluss von Informationen zulässt, besser abschneiden als ein Design bei dem dies nicht möglich ist. In einer empirischen Studie (Hong et al. 2016) wurde eine Onlineplattform für IT-Freelance-Jobs untersucht. Diese Jobs haben einen starken Common-Value-Charakter: Jeder Interessent muss die gleiche Aufgabe erfüllen, aber alle schätzen den damit verbundenen Aufwand vielleicht anders ein. Unterschätzt man den Aufwand, bietet man einen zu günstigen Preis an. In der Studie wurden etwa 71.000 dynamische Auktionen mit Informationsfluss mit etwa 8000 statischen Erstpreis-Auktionen verglichen. Die Autoren stellten fest, dass die dynamischen Auktionen signifikant bessere Ergebnisse erzielten, da die Bieter gesehen haben, dass andere Bieter den Aufwand ähnlich einschätzen.

Eine weitere empirische Studie (Chow und Ooi 2014) kam zu ähnlichen Ergebnissen. Sie untersuchte den Verkauf von Grundstücken in Singapur, die teils über eine dynamische, Englische Auktion und teils über eine statische Erstpreis-Auktion versteigert wurden. Auch Grundstücke haben durch die individuelle Einschätzung zur Marktentwicklung einen Common-Value-Charakter. Die Autoren stellten fest, dass die Grundstücke, die via Englische Auktion versteigert wurden, im Schnitt 9,6 % mehr Erlös brachten. Vermutet man also als Einkäufer, dass eine solche Common-Value-Komponente eine Rolle spielen könnte bei dem Gut oder der Dienstleistung der Vergabe, ist die Englische Auktion ein mächtiges Werkzeug um das Winner's-Curse-Problem zu lösen.

Ist die Entscheidung zwischen dynamisch oder statisch gefallen, bleibt noch die Wahl zwischen Erst- oder Zweitpreisformat. Hier nur als gedanklicher Anstoß: Bei der Erstpreisauktion bestimmen die Erwartungen über den Wettbewerb den Preis, bei der Zweitpreisauktion die Realität. Wie ist das zu verstehen? Bei

Erstpreisformaten erhält man den Preis, den man anbietet. Erwartet man wenig Wettbewerb, wird man kein zu aggressives Gebot abgeben können. Hält man die Vergabe für umkämpft, kann man aggressiver bieten. Bei der Zweitpreisauktion erhält man den zweitbesten Preis, also nicht den Preis, den man geboten hat. Diesen Preis bestimmt das Gebot des Zweitbesten, also die Realität. Erstpreisformate sind also besonders dann gut, wenn die Teilnehmer den Wettbewerb überschätzen, und Zweitpreisformate funktionieren gut, wenn Zulieferer den Wettbewerb unterschätzen.

Wie eine erwartete Asymmetrie unter den Bietern für eines der beiden dynamischen Auktionsformate sprechen kann, zeigt folgendes Beispiel: Nehmen wir an, Bieter A hat als Kosten 500 EUR pro Stück und möchte 200 EUR pro Stück Gewinnmarge erreichen. Bieter B hat Kosten von 800 EUR pro Stück und möchte ebenfalls 200 EUR pro Stück Gewinnmarge erreichen. Die Bieter sind also recht asymmetrisch.

Bei einer Holländischen Auktion startet der Preis niedrig und tickert hoch. Hat der Preis die Zielmarge 500 EUR + 200 EUR = 700 EUR von Bieter A erreicht, schlägt dieser zu. Der Auftrag wird also zu 700 EUR pro Stück an Bieter A vergeben.

Hat man sich dagegen für eine Englische Auktion entschieden, tickert der Preis von oben nach unten. Da Bieter B Kosten von 800 EUR pro Stück hat, wird er spätestens bei diesem Preis aussteigen. Damit gewinnt, wie zu erwarten auch hier Bieter A, allerdings zum Preis von 800 EUR, also fast 15 % teurer für den Einkauf.

Ändern wir das Beispiel etwas: Nehmen wir an Bieter A hat als Kosten 500 EUR pro Stück und möchte 200 EUR pro Stück Gewinnmarge erreichen. Bieter B hat Kosten von 600 EUR pro Stück und möchte ebenfalls wieder 200 EUR pro Stück Gewinnmarge erreichen. Die Bieter sind also recht symmetrisch.

Bei der Holländischen Auktion haben wir nun folgendes Bild: Hat der Zielpreis die 500 EUR + 200 EUR = 700 EUR von Bieter A erreicht, schlägt dieser zu. Der Auftrag wird also zu 700 EUR pro Stück an Bieter A vergeben.

Bei einer Englischen Auktion ändert sich dagegen das Bild. Bieter B hat Kosten von 600 EUR pro Stück und wird demnach spätestens aussteigen, wenn der Preis auf 600 EUR gefallen ist. Damit gewinnt wie zu erwarten auch hier Bieter A, allerdings zu einem Preis von 600 EUR, ist also fast 15 % günstiger für den Einkauf.

Erwartet man hohe Asymmetrien, lohnt sich eine Holländische Auktion. Bei recht symmetrischen Bietern kann eine Englische Auktion eine gute Wahl sein (Tab. 2.1).

Tab. 2.1 Wann ist welches Auktionsformat geeignet

	Preisuhr	Bietgegenstand	Bestimmung des Gewinners	Zahlungsregel	Informationsfluss	Vorteil	Potentielle Probleme	Häufigkeit in der Praxis
Erstpreisauktion	Nicht vorhanden, einzelnes Gebot	Ein Gut oder ein Bündel	Niedrigstes Gebot	Eigenes Gebot	Nicht möglich	Effektiv bei asymmetrischen Bietern, sehr einfach	Keinerlei Informationsfluss möglich, bei Common Values eher ungeeignet	Sehr häufig
Zweitpreisauktion	Nicht vorhanden, einzelnes Gebot	Ein Gut oder ein Bündel	Niedrigstes Gebot	Bestes Gebot der anderen	Nicht möglich	Klare Bietstrategie	Commitment Problem bei Einkauf und Vertrauensproblem bei Zulieferern	Nie
Englische Ticker-Auktion	Start bei hohem Preis, sinkend	Ein Gut oder ein Bündel	Letzter Bieter der übrig bleibt	Preis bei dem der zweitletzte ausgestiegen ist	Ja	Effektiv bei symmetrischen Bietern, guter Informationsfluss	Potentiell schlechte Ergebnisse bei asymmetrischen Bietern	Häufig, gerne auch als Vorrunde
Holländische Auktion	Start bei tiefem Preis, steigend	Ein Gut oder ein Bündel	Erster Bieter der zuschlägt	Preis der vom Gewinner akzeptiert wurde	Nein, sobald Information fließt („jemand hat zugeschlagen") ist die Auktion vorbei	Effektiv bei asymmetrischen Bietern, sorgt für Dynamik	Keinerlei Informationsfluss möglich, bei Common Values eher ungeeignet	Sehr häufig
Kombinatorische Auktion	Start bei hohem(n) Preis(en), sinkend	Einzelne Güter oder Bündel dieser Güter	Bestes Angebot nach den festgelegten Regeln der Auktion	Beste(s) kombinierte(s) Angebot(e)	Möglich	Bieter können ihre eigenen Präferenzen und Synergien gut ausdrücken	Schnell sehr kompliziert für beide Seiten	Sehr selten
Brasilianische Auktion	Startet mit niedriger Anzahl an Gütern/Spezifikationen, steigend	Anzahl an Gütern/Spezifikationen der Güter	Letzter Bieter der übrig bleibt	Festpreis, am Anfang festgelegt	Möglich	Effektiv bei unklaren Spezifikationen für fixen Preis	Ungewohnt für die allermeisten Bieter	Sehr selten

Fazit

Naive Verhandlungsdesigns führen nachweislich zu suboptimalen Verhandlungsergebnissen. Eine bessere Performance zeigen in der Regel fallspezifische
Verhandlungsdesigns auf Basis von spieltheoretischem Know-how, die unterschiedliche Spielarten kombinieren.

2.11 Verbindlichkeit, Kommunikation mit den Lieferanten und die Vergabe

Mit gründlich vorbereiteten Vergabeverhandlungen auf der Basis der Spieltheorie und der Verhaltensökonomie lassen sich nicht nur Savings optimieren. Sie
zeichnen sich auch durch einen hochgradig transparenten Entscheidungsprozess
aus, der keinen Raum für Mauschelei lässt und unnötige Emotionen mäßigt.
Die dadurch entstehende Chancengleichheit der Lieferanten erfüllt selbst die
höchsten Compliance-Ansprüche. Damit diese Vorteile realisiert werden können,
ist eine fehlerfreie Vorbereitung der finalen Vergabeverhandlungen erforderlich.
Die Kommunikation mit den Lieferanten ist dabei von zentraler Bedeutung,
um gemeinsames Verständnis über die Vorgehensweise mit allen Lieferanten zu
erzielen und jeglichen Interpretationsspielraum zu eliminieren.

Dabei müssen fünf Inhalte zwingend und verständlich kommuniziert und
geklärt werden: erstens das unwiderrufliche Commitment des Einkaufs, zweitens
der Vergabeumfang und die Vergabeprämissen, drittens die Rückfalloption des
Einkaufs vor Beginn des finalen Prozesses, viertens die Regeln des Verhandlungsdesigns und fünftens die schriftlichen Teilnahmebedingungen der Lieferanten.

1. Demonstration von Commitment:

Konventionelle Verhandlungsprozesse zeichnen sich typischerweise durch einen
Mangel an Verbindlichkeit aus. Ihre Ergebnisse sind in der Regel nicht unwiderruflich, weil der Einkäufer den verhandelten Deal erst durch ein Management-
Gremium freigeben lassen muss. Das Gremium muss der Empfehlung des
Einkäufers für einen bestimmten Lieferanten aber nicht zwingend folgen, weil
es möglicherweise mit den Verhandlungsergebnissen nicht zufrieden ist und eine
weitere Verhandlungsrunde fordert. Durch diesen Mangel an Verbindlichkeit entstehen problematische Anreize für den Lieferanten. So wird ein strategisch kluger
Lieferant in den Verhandlungen mit dem Einkäufer immer einen Preispuffer
einbehalten, um gegebenenfalls in zusätzlichen Verhandlungsrunden mit einer
höheren Managementebene weitere Preisnachlässe gewähren zu können. Zudem
kann ein Lieferant in solchen Verhandlungen nie vollumfänglich verstehen, was

die Präferenzen des Entscheidungsgremiums sind. Beispielsweise könnte er glauben, dass das Gremium großen Wert auf die Qualität eines Produkts legt. In diesem Fall ist es für den Lieferanten nicht erforderlich, den besten Preis anzubieten, um nominiert zu werden. Folglich wird er nur sehr zögerlich preisliche Zugeständnisse machen (Abb. 2.8).

Bei Verhandlungen auf Basis der Spieltheorie muss deshalb den Lieferanten die unwiderrufliche Verbindlichkeit kommuniziert werden, um maximale Preissenkungsanreize für alle Lieferanten zu setzen. Durch das Commitment wird ihnen deutlich gemacht, dass die Teilnahme am Vergabeprozess die einzige und letzte Möglichkeit ist, nominiert zu werden. So wird klargestellt, dass der Einkauf keine Angebote außerhalb des Vergabeprozesses akzeptieren wird. Das ist sehr wichtig. Denn wäre es einem Lieferanten möglich, das Ergebnis des spieltheoretischen Vergabeprozesses abzuwarten und danach das Siegergebot marginal zu unterbieten, so gäbe es im Vergabeprozess keinen Grund ein attraktives Angebot abzugeben.

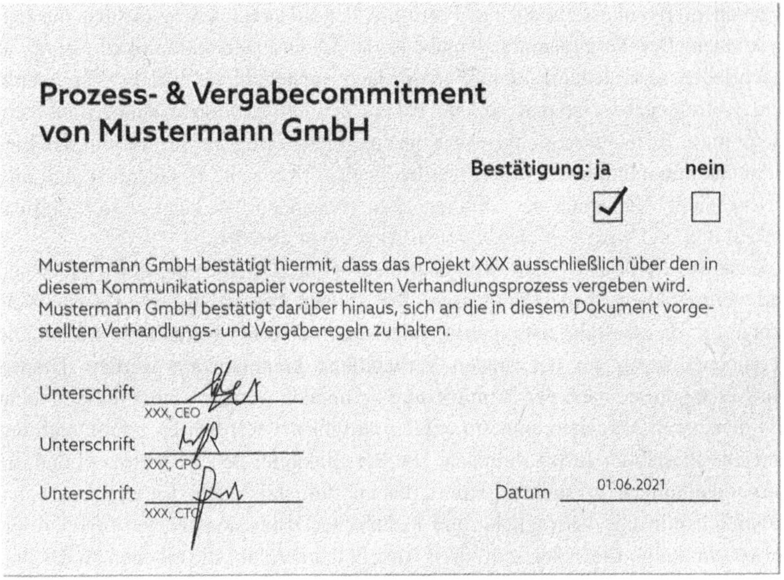

Prozess- & Vergabecommitment von Mustermann GmbH

Bestätigung: ja ☑ nein ☐

Mustermann GmbH bestätigt hiermit, dass das Projekt XXX ausschließlich über den in diesem Kommunikationspapier vorgestellten Verhandlungsprozess vergeben wird. Mustermann GmbH bestätigt darüber hinaus, sich an die in diesem Dokument vorgestellten Verhandlungs- und Vergaberegeln zu halten.

Unterschrift ______ XXX, CEO

Unterschrift ______ XXX, CPO

Unterschrift ______ XXX, CTO

Datum 01.06.2021

Abb. 2.8 Commitment bei Wettbewerbsvergaben – Beispiel für die Darstellung des Commitments zum Vergabeprozess durch das Management

Bei der Kommunikation werden die Lieferanten auch über ihre individuellen Bonus- oder Malus-Werte informiert. Das Commitment besagt, dass diese Werte für die Vergabeentscheidung festliegen. Durch das Commitment zu den Entscheidungskriterien werden die Präferenzen des einkaufenden Unternehmens verbindlich offengelegt. Die Lieferanten werden dann bei der Abgabe hoher Preise nicht mehr darauf hoffen können, dass ein Gremium mit starken Qualitätspräferenzen Partei für den hochpreisigen Lieferanten ergreift.

2. Festlegung des Vergabeumfangs und der Vergabeprämissen:
Eine Stärke von unverbindlichen bzw. konventionellen Verhandlungsprozessen besteht darin, dass dabei kreative Lösungen entwickelt werden können, etwa indem unabhängige Vergabepakete durch Bündelangebote miteinander verknüpft werden. Aber auch Einkäufer können in den Vorverhandlungen für einen spieltheoretischen Vergabeprozess kreative Lösungen aushandeln. Bevor dann aber die finale Phase dieses spieltheoretischen Vergabeprozesses beginnt, muss der Vergabeumfang eindeutig und unwiderruflich entschieden sein. Das ist erforderlich, um vor der spieltheoretischen Vergabe eine verbindliche Logik festzulegen und die gegebenenfalls unterschiedlichen Portfolios der Lieferanten vergleichbar machen zu können. Der Vergabeumfang muss in der Lieferantenkommunikation präzise beschrieben sein. Jeder Lieferant muss dann verstehen, für welche Vergabepakete er freigegeben ist und welche Pakete er nicht gewinnen kann. Bietet ein Lieferant z. B. mehrere technische Konzepte gleichzeitig an, so muss in der Lieferantenkommunikation deutlich werden, welche Konzepte freigegeben sind und welche nicht. Nur wenn der Lieferant dies verstanden hat, kann er sich optimal vorbereiten und wird von unzulässigen Angeboten absehen.

Genauso wichtig wie der Vergabeumfang ist die Offenlegung der technischen und vertraglichen Vergabeprämissen. Sie können beispielsweise explizite Vorgaben für die Gewährleistungsfrist oder die Incoterms beinhalten. Indem die Vergabeprämissen vor der finalen Verhandlung kommuniziert werden, können Missverständnisse nach der Nominierung vermieden werden. Dabei müssen nicht alle denkbaren Vergabeprämissen explizit aufgelistet werden. Es reicht, sich auf kritische Prämissen zu beschränken. Hat der Einkäufer den RfQ-Prozess und die Vorverhandlungen gründlich geführt, haben sich mit jedem Lieferanten wahrscheinlich kritische vertragliche und technische Diskussionsthemen ergeben. So verweisen einige Lieferanten in ihren Angeboten gern auf die eigenen AGBs und listen eine Reihe zusätzlicher Prämissen auf. Es ist die Aufgabe des Einkäufers sicherzustellen, dass unzulässige Prämissen aus den Angeboten vor dem Vergabeprozess gestrichen werden. Nur dann sind die Angebote der Lieferanten überhaupt erst valide und für den Einkauf nützlich. In der Lieferantenkommunikation

selbst geht es dann darum, das zuletzt vereinbarte Set an zulässigen Vergabe-
prämissen aufzulisten und deutlich zu machen, dass nunmehr keine inhaltlichen
Verschlechterungen (aus Sicht des Einkaufs) zulässig sind. Eine Verbesserung der
Vergabeprämissen, z. B. eine Verlängerung des Zahlungsziels, ist natürlich auch
noch nach der Lieferantenkommunikation möglich. Idealerweise werden solche
Verbesserungen durch einen aktivierbaren Bonus angeregt.

3. Absicherung der Rückfalloption:
Theoretisch ist denkbar, dass durch einen spieltheoretischen Vergabeprozess keine
zusätzlichen Savings gegenüber den konventionell verhandelten Preisen realisiert werden. Daher ist es notwendig, dass die besten Angebote aller Lieferanten
vor Verhandlungsbeginn abgesichert werden. Dabei muss sichergestellt sein, dass
die Angebote auf zulässigen Prämissen basieren sowie dass die Angebotsgül-
tigkeit über den finalen Verhandlungstag hinausreicht. Andernfalls besteht die
Gefahr, dass Angebote nach der spieltheoretischen Vergabe zurückgezogen werden. Um Missverständnisse zu vermeiden, sollte im Kommunikationspapier des
Weiteren klargestellt sein, dass Preiserhöhungen im Zuge des spieltheoretischen
Vergabeprozesses nicht möglich sind. Das mag sich trivial anhören. Tatsächlich jedoch unterlaufen solche Fehler immer wieder unerfahrenen Einkäufern, die
spieltheoretische Methoden ausprobieren wollen.

4. Erklärung der Verhandlungsregeln:
Zentrales Thema der Lieferantenkommunikation ist die Erklärung der Verhandlungsregeln. Ein durchdachtes Verhandlungsdesign kann aus einer simplen
einstufigen Standardauktion oder aus mehrstufigen Kombinationen unterschied-
licher Verhandlungselemente bestehen. Jedes Verhandlungsdesign zeichnet sich
durch ein individuelles Set an Regeln aus, das unterschiedliche Anreize setzt. Die
Grundvoraussetzung für die optimale Entfaltung von Anreizen ist, dass die Lieferanten die Verhandlungsregeln verstanden haben. Daher besteht der Hauptteil der
Lieferantenkommunikation in der Erklärung der Verhandlungsregeln.
   Häufig enthalten Verhandlungsdesigns mehrere Stufen. In frühen Verhandlungsphasen können beispielsweise Lieferanten mit fehlender Wettbewerbsfähigkeit unwiderruflich vom Vergabeprozess ausgeschlossen werden. Wenn das Verhandlungsdesign solche Shortlisting-Elemente enthält, sollten Lieferanten genau
verstehen, wann diese Vorentscheidungen getroffen werden. In frühen Verhandlungsphasen können auch Privilegien für die finale Verhandlungsphase, z. B.
Rangvorteile, vergeben werden. Damit ein optimales Ergebnis zustande kommt,
müssen alle Lieferanten verstehen, an welcher Stelle solche Privilegien vergeben
werden und welche Konsequenzen das für den Vergabeprozess hat.

Um Uneindeutigkeiten und Missverständnisse am Verhandlungstag auszu-schließen, muss das Verhandlungsdesign Regeln für alle denkbaren Verläufe einer Verhandlung definieren. Was geschieht beispielsweise, wenn zwei Lieferanten gleichzeitig einen Angebotspreis im Zuge einer Holländischen Auktion akzep-tieren? Daher ist eine vollständige Erklärung der Verhandlungsregeln notwendig. Im Zweifelsfall müssen auch Regeln für unwahrscheinliche Szenarien, wie etwa ein Unentschieden, vordefiniert werden.

5. Einholen von Teilnahmebedingungen der Lieferanten:
Der hohe Grad an Verbindlichkeit seitens des Einkaufs sollte einem ebenso hohen Grad an Verbindlichkeit auf Seiten des Lieferanten entsprechen. Dies geschieht, indem man von den Lieferanten unterschriebene Teilnahmebedingungen einholt. Diese sollten bereits einige Tage vor dem finalen Verhandlungstag eingefordert werden. So können potentielle Konflikte noch mit ausreichend zeitlichem Vor-lauf geklärt werden. In den Teilnahmebedingungen bestätigt der Lieferant, dass er die Vergabeprämissen akzeptiert, die Verhandlungsregeln versteht und am Ver-gabeprozess teilnimmt. Wurden die Verhandlungen gründlich vorbereitet, werden die Teilnahmebedingungen von den Lieferanten akzeptiert. War dies nicht der Fall, kann es vorkommen, dass Lieferanten die Teilnahmebedingungen mit wei-teren Prämissen ergänzen. Diese Abweichungen müssen dann sauber bewertet werden. Die eleganteste Lösung besteht dann darin, die abweichenden Prämissen mit einem angemessenen Malus zu sanktionieren. So kann der Lieferant weiter an den Verhandlungen teilnehmen und es wird gleichzeitig ein Anreiz für den Lie-feranten geschaffen, seine Sonderprämissen noch aus dem Angebot zu streichen. Nur im Fall wirklich inakzeptabler Prämissen sollte ein Lieferant von den finalen Verhandlungen ausgeschlossen werden.

Noch einige Worte zu Fairness
Bei all den Regeln, die so ein Prozess beinhaltet, könnte man denken, dass die Rückmeldungen der Lieferanten erstmal zurückhaltend bis negativ wären. Das ist auch oft die Reaktion, die wir von den Einkäufern bei ihrem ersten Kon-takt mit einem spieltheoretischen Vergabeprozess bekommen: Unsere Zulieferer werden diesen Prozess schwierig finden und die Beziehung zwischen Einkauf und Lieferanten wird geschädigt, wenn wir von einer persönlichen Verhandlung zu einem durchstrukturierten Prozess wechseln. In der Praxis beobachten wir in den allermeisten Fällen aber genau das Gegenteil. Nichts ist frustrierender für einen Vertriebler, der die letzten Wochen viel Arbeit in die Verhandlung mit dem Einkauf gesteckt hat, als dann eine E-Mail zu bekommen mit dem Text:

„Leider waren Sie nicht erfolgreich, es war sehr knapp. Danke für Ihre Teilnahme." Für den Vertriebler bedeutet das häufig, dass das Unternehmen den
Onboarding-Prozess eines neuen Lieferanten nicht gehen wollte und sich in dieser intransparenten Verhandlung wieder für den Stammzulieferer entschieden hat.
Dagegen ist es die Stärke unseres Systems of Negotiations, dass der Prozess zur
Auswahl eines Lieferanten völlig transparent an die Lieferanten kommuniziert
wird, genauso wie die Information, dass kein Weg an diesem Prozess vorbeiführt. Außerdem verstehen die Lieferanten, dass die Regeln nicht mit dem Ziel
aufgestellt werden sie auszutricksen. Bei der Vergabe geschieht genau das, was
vorher angekündigt wurde. Damit versteht auch jeder Zulieferer, dass er eine echte
Chance hat auf den Auftrag.

Diese Transparenz und Fairness dieses Prozesses schätzen die Zulieferer meist,
wir bekommen häufig das Feedback auch von den Verlierern einer solchen
Vergabe, dass die Vergabe fair war und es sie gefreut hat, dass persönliche
Connections oder ähnliches keine Rolle gespielt haben. Und selbst wenn die Entscheidung bei einer klassischen Verhandlung objektiv erfolgte, entsteht schnell
der Eindruck, dass es nicht fair zugegangen ist, weil der Entscheidungsprozess
nicht transparent war. Dies heißt in der ökonomischen Theorie auch „Procedural
Fairness", also Verfahrensfairness. Auch zu diesem Thema gibt es schon Studien,
das Ergebnis war immer das gleiche: Je transparenter die Regeln und Entscheidungskriterien sind, desto fairer wird ein Prozess empfunden. Sind die Regeln
unklar, wird der Prozess tendenziell als unfair angesehen. (Muylle und Standaert
2016).

Fazit
Die Kommunikation mit den Lieferanten ist ein entscheidender Meilenstein eines
spieltheoretischen Vergabeprozesses. Die Erfahrung zeigt, dass die Mehrzahl der
Lieferanten diese Prozesse wohlwollend annehmen und die daraus resultierende
Chancengleichheit schätzen. Dies gilt umso mehr, wenn die Lieferantenkommunikation gründlich vorbereitet und verständlich präsentiert wird. Sie stellt sicher,
dass die Lieferanten genau verstehen, was sie tun müssen, um nominiert zu werden – die Grundvoraussetzung, um am Verhandlungstag optimale Ergebnisse zu
erzielen.

2.12 Fallstudie: Erpresserisches Pricing von Lieferanten

Ein großer deutscher Automobilhersteller hatte die Rohbauanlagen für drei große
Baureihen mit einem Vergabevolumen von rund 750 Mio. EUR ausgeschrieben,

verteilt auf sieben Vergabepakete. Sechs Lieferanten, inklusive der hauseigenen Rohbauanlagenfertigung, nahmen am Vergabeprozess teil. Einige große Lieferanten boten die Mehrzahl oder sogar alle Vergabepakete an, einige kleinere dagegen nicht alle Pakete, weil ihre Kapazitäten dafür nicht ausreichten. Jeder Anbieter hatte ein eigenes technisches Konzept entwickelt, das sich von den anderen beispielsweise in der Anzahl der verwendeten Roboter und dem erforderlichen Platzbedarf unterschied. Nach Aussage der Lieferanten hatte die Entwicklung des technischen Konzepts für ein einziges Vergabepaket bereits mindestens 100.000 EUR an Planungskosten verschlungen. Diese Kosten mussten die Lieferanten investieren, ohne zu wissen, ob sie letztlich für die zugrunde liegenden Pakete nominiert würden.

Herstellung von Vergleichbarkeit zwischen unterschiedlichen Konzepten

Die erste Herausforderung bei der Verhandlung technisch hoch komplexer Vergabegegenstände besteht in der Herstellung von Vergleichbarkeit. In intensiven Workshops mit den technischen Fachbereichen wurde jedes Konzept monetär bewertet. Die Kosten für die notwendigen Roboter wurden berücksichtigt, und für den Platzbedarf im Werk ein Kostenfaktor je Quadratmeter als Malus abgeleitet. Auch der erforderliche Personal- und Strombedarf wurde für jedes einzelne Konzept minutiös in Euro errechnet. Dies fand unmittelbar nach Abgabe der Angebote im Zuge des RfQ statt. So erhielten die Lieferanten bereits während der Vorverhandlungen ein detailliertes Feedback sowohl zum technischen Konzept als auch zum Pricing.

Das Problem: Erpresserisches Pricing von Lieferanten

Die verhandlungtaktische Herausforderung im Projekt bestand im aggressiven Pricing-Verhalten der größten und technisch führenden Lieferanten. Ihre, unter gewitzten Vertriebsprofis verbreitete Strategie: Prohibitive Pricing. Dabei bepreisten sie die von ihnen bevorzugte Paketierung attraktiv, wogegen sie alle anderen Paketierungsvarianten durch sehr hohe Preise künstlich unattraktiv rechneten. Im konkreten Fall bedeutete das, dass große Lieferanten für eine Nominierung von z. B. drei bevorzugten Vergabepaketen einen attraktiven Preis anboten, aber für einzelne Vergabepakete extrem hohe Preise verlangten. Dieses Pricing-Verhalten war deshalb problematisch, weil die von den Lieferanten angebotenen Bündel von Vergabepaketen nicht überschneidungsfrei waren. Das heißt, wenn man ein attraktives Bündelangebot eines Lieferanten mit den Einzelpaketpreisen der restlichen Lieferanten kombinieren wollte, ergab sich ein relativ schlechter Business Case, der weit oberhalb der internen Zielsetzung lag.

Obwohl das Einkäuferteam über viel Erfahrung verfügte, konnte es in den konventionellen Vorverhandlungen die Lieferanten nicht dazu bringen, auch einzelne Vergabepakete attraktiv anzubieten. Diese begründeten ihr Preisverhalten mit angeblichen Synergien im Planungs- und Beschaffungsprozess, eine Argumentation, an der der Einkauf jedoch begründete Zweifel hatte.

Unsere Aufgabe: Entwicklung einer Konterstrategie auf Basis der Spieltheorie
Nach Abschluss der konventionellen Verhandlungen durch das Einkaufsteam wurden wir hinzugezogen, um ein spieltheoretisch optimiertes Verhandlungsdesign zu entwickeln als Konterstrategie gegen das Prohibitive Pricing der Lieferanten und um sie so zu zwingen, auch für einzelne Vergabepakete attraktive Preise anzubieten.

Die Lösung: ein zweistufiges Design, das an alle Lieferanten kommuniziert wurde. In Phase eins wurden alle Lieferanten aufgefordert, ihr Angebot für jedes einzelne Vergabepaket nachzubessern. Sie mussten also für jedes einzelne, von ihnen angebotene Paket einen gültigen Preis nennen. Dieser war die Basis für ein Ranking: Für jeden angebotenen Paketpreis wurde die prozentuale Abweichung vom internen Referenzpreis berechnet und anschließend die (ungewichtete) durchschnittliche Abweichung vom Referenzpreis für alle angebotenen Pakete eines Lieferanten ermittelt. So konnte das Preisniveau jedes Lieferanten in einer einzigen Zahl dargestellt und in ein Ranking überführt werden.

Das Ranking war entscheidend für Phase zwei. Hier galt eine Logik wie beim Abfahrtsrennen im Skisport: Der Lieferant mit dem schlechtesten Ranking aus Phase eins musste in Phase zwei als Erster „nochmal ran" mit seinem finalen Angebot, während der Lieferant mit dem besten Ranking in Phase eins als Letzter anbieten durfte. Es war für Lieferanten in Phase zwei also von großem Vorteil, spät oder sogar als Letzter Angebote einreichen zu können – ein Anreiz, der sie schon in Phase eins konzilianter machen sollte. Die Lieferanten erhielten zudem vor der jeweiligen Angebotsabgabe wertvolle Informationen über ihre Position im Wettbewerb in Form von Abstandsintervallen zum bis dahin kostenminimalen Angebot.

Gleichzeitig erhielt jeder Lieferant in Phase zwei die Möglichkeit, auch das von ihm präferierte Bündel von Vergabepaketen anzubieten. Obwohl das Einkaufsteam große Zweifel an den von den Lieferanten behaupteten Synergien hatte, sollte kein Lieferant aus der Verhandlung ausscheiden, ohne zuvor noch das für ihn optimale Bündel anbieten zu können. Daher konnte in Phase zwei jeder Lieferant eine beliebige Kombination von Paketen als Bündel anbieten – oder auch komplett darauf verzichten. Die Lieferanten wurden für jede denkbare Kombination von Vergabepaketen (z. B. Bündel aus allen sieben Vergabepaketen, alle denkbaren Bündel aus sechs Vergabepaketen, aus fünf Vergabepaketen etc.) vor Angebotsabgabe über ihre Abstandsintervalle informiert. Dadurch erhielt jeder Lieferant wertvolle Signale, welche Bieterstrategie für ihn am vielversprechendsten war.

Bei diesem Regelwerk hatte der Lieferant mit Rang eins, der in Phase zwei als Letzter anbieten durfte, eine Art „Last Call". Das lag daran, dass diesem Lieferanten – nach finaler Angebotsabgabe aller Wettbewerber – detaillierte Abstandsintervalle kommuniziert wurden. Wenn er beispielsweise erfuhr, dass bei Paket eins sein Abstand zum niedrigsten Preisangebot kleiner als drei Prozent war, so wusste er, dass er das Paket bei einer Preisreduktion von drei Prozent auf jeden Fall gewinnen wird. Dieser enorme strategische Vorteil in Phase zwei war ein extrem starker Anreiz, bereits in Phase eins attraktive Preise anzubieten, um sich für einen möglichst hohen Rang zu qualifizieren.

Das Ergebnis: Hohe Ersparnisse schon in Phase eins
Das Kalkül des Verhandlungsdesigns ging auf. Tatsächlich boten die Lieferanten bereits in Phase eins starke Preisreduktionen an, die dem Automobilbauer schon da Ersparnisse von 16 % einbrachten. Obwohl in dieser Phase lediglich einzelpaketgültige Preisangebote erlaubt waren, unterschritten sie jetzt schon das Preisniveau der Vorverhandlungen deutlich. Dieses Preisverhalten stand in starkem Kontrast zu der Argumentation der Lieferanten, dass bei ihrer Nominierung für mehrere Pakete große Synergien realisiert werden könnten. Offensichtlich war der Wettstreit um ein gutes Ranking in Phase zwei so intensiv, dass die Lieferanten jegliches Taktieren über Bord warfen.

In Phase zwei ließen sich dann nur noch verhältnismäßig niedrige zusätzliche Ersparnisse realisieren. Die Lieferanten konnten in der Reihenfolge des Rankings aus Phase eins einzelne Pakete bzw. Bündel aus Paketen bepreisen. Nicht wettbewerbsfähige Lieferanten lernten durch das Informationsfeedback, dass sie zu weit abgeschlagen waren, um sich durch weitere Preissenkungen für das Geschäft zu qualifizieren. Die Lieferanten, die sich in Phase eins durch sehr starke Preisnachlässe auf Einzelpakete für ein gutes Ranking qualifiziert hatten, erfuhren, dass sie bereits wettbewerbsfähig angeboten hatten. Da das Informationsfeedback durch die Abstandsintervalle noch Unsicherheit mit sich brachte, boten aber selbst deutlich führende Lieferanten nochmal weitere Preisnachlässe an. Letztlich wurden in Phase zwei zusätzliche Savings in Höhe von zwei Prozent erzielt.

Fazit
Am Ende des Verhandlungstags war der Einkauf sehr zufrieden. Die Referenzpreise der internen Kostenkalkulatoren wurden für alle Vergabepakete signifikant

unterschritten und somit die Ziele des Einkaufsteams erreicht. Gleichzeitig zeigte es eine gewisse Genugtuung, weil das Verhandlungsdesign und der daraus resultierende Verhandlungsverlauf offengelegt hatten, dass die von den Lieferanten behaupteten Synergien, die Begründung für ihr Prohibitive Pricing, nichts weiter als ein Märchen ihres Vertriebs waren.

2.13 Lessons Learned

Aufatmen – die Vergabe ist geschafft, signifikante Savings wurden erzielt, das Management ist zufrieden mit dem Ergebnis. Aber noch ist der Prozess nicht abgeschlossen. Jetzt ist der Moment, in dem der Grundstein für erfolgreiche zukünftige Verhandlungen gelegt werden sollte. Denn die Vergabe hat zahlreiche Informationen gebracht, die auch in Zukunft nützlich sein werden. Dabei geht es nicht nur um Preise oder andere Quantitäten, die einer Datenanalyse unterzogen werden können, auch Informationen zum Vergabedesign spielen eine wichtige Rolle.

Details der Vergabe
Zuerst gilt es die Parameter der Vergabe zu erfassen, um die Basis für eine Projektdatenbank zu schaffen: Was wurde beschafft, in welchem Umfang, welche Zulieferer wurden beispielsweise vom Fachbereich Technik vorgeschlagen, welche zusätzlich noch vom Einkauf recherchiert? Diese Angaben dienen dazu, später in der Projektdatenbank einfach und schnell suchen und relevante Projekte schnell finden zu können, etwa bei der Frage, ob dieser Zulieferer schon mal an einer Vergabe teilgenommen hat.

Informationen aus der Marktanalyse und Bonus-Malus-Bewertung
Solche Informationen können zukünftige Vergaben enorm erleichtern. Auskunft über technische Freigaben, finanzielle Reports das Unternehmen oder Angaben zu Kapazitätsbeschränkungen sind wichtige Informationen, die auf strukturierte Weise aufbewahrt werden sollten. Das bedeutet nach der Vergabe etwas Zusatzarbeit, diese Daten so abzulegen, dass sie später nützlich sind. Doch diese zeitliche Investition lohnt sich spätesten bei der nächsten Vergabe, bei der man mit den gleichen Zulieferern zu tun hat. Dann muss nicht noch einmal erarbeitet werden.

Auch wie eine Bonus-Malus-Bewertung zustande gekommen ist, sollte zumindest in groben Zügen dokumentiert werden. Wir hatten in Abschn. 2.7 das Beispiel der unterschiedlichen Bremsschläuche, zum einen platzsparende vom Technologieführer, zum anderen ein Konkurrenzprodukt, das potenziell Reibung ausgesetzt war und deshalb durch Manschetten verstärkt werden musste. Hier wurde zusammen mit dem technischen Fachbereich bestimmt, wie viel an Verstärkung notwendig und wie hoch die Wahrscheinlichkeit war, dass die Manschetten tatsächlich im finalen Design benötigt werden. Gerade der letzte Punkt könnte wichtig im nächsten Projekt sein, sollte erneut eine solche Wahrscheinlichkeit benötigt werden. So lassen sich nach und nach Prozesse im Einkauf in Zusammenarbeit mit den anderen Fachbereichen etablieren, die für hohe Effizienzgewinne in der Zukunft sorgen können.

Aber auch grundsätzliche Bonus-Malus-Bewertungen der Zulieferer sollten zentral und für alle Einkäufer verfügbar gespeichert werden. Typische Beispiele dafür sind Lieferperformance, Zusammenarbeit in der Vergangenheit, Unterstützung bei Planung, persönliche Ansprechpartner für das eigene Unternehmen etc. Das alles sollte nicht bei jeder Vergabe von neuem ermittelt werden.

Vergabedesign

Auch die Details des Vergabedesigns sollten auf standardisierte Weise dokumentiert werden. Wettbewerbsvergabe oder bilaterale Verhandlung? Gab es mehr als eine RfQ-Runde oder auch eine Vorrunde? Sammelt man diese Daten konsistent, kann man gut analysieren, welche Verfahren für welche Warengruppen besonders erfolgreich sind und bei welchen man sich noch verbessern kann. Eine nachhaltige Dokumentation unterstützt auch die Ausbildung der nächsten Einkäufer-Generation im Unternehmen, wenn man auch die Schwierigkeiten der Vergabe und die daraus folgende Begründung für das Vergabedesign festhält. Wurde beispielsweise eine Vorrunde durchgeführt, weil man während des RfQs das Gefühl hatte, dass drei von vier Zulieferern den Wettbewerb unterschätzen? Dann kann man das kurz notieren, und dem nächsten Einkäufer wird schnell klar, wie das Design zustande kam. In der Einleitung haben wir auf die Erlernbarkeit unseres „System of Negotiations" hingewiesen: Je mehr spezifische Informationen für die im Unternehmen üblichen Vergaben vorhanden sind, umso schneller finden sich aufstrebende Einkäufer zurecht und können selbst Verantwortung für Vergabeprojekte übernehmen.

Ergebnis

Selbstverständlich sollte auch das Ergebnis dokumentiert werden. Welche Einsparungen wurden auf welches Volumen erzielt? Welcher Anteil davon resultierte aus Vergleichspreisen, also aus den Bonus-Malus-Bewertungen, und welcher Anteil wurde direkt gespart? In welcher Phase des Prozesses wurden die Savings erreicht und die Einsparziele eingehalten? Welche Vertragsprämissen konnten erreicht werden? Welche Informationen hier relevant sind, ist natürlich unterschiedlich je nach Unternehmen und Warengruppen. Im Zweifelsfall dokumentiert man aber besser einige Daten zu viel, als dass sie später fehlen und sich niemand im Unternehmen mehr daran erinnert.

Fazit

Auch die Dokumentation der Vergaben ist eine ernstzunehmende Aufgabe des Einkaufs. Hier schlummern mögliche Einsparpotenziale, die bei einer zukünftigen Vergabe übersehen werden könnten. Und man erleichtert sich enorm die Arbeit, wenn nicht jede Information immer wieder von neuem zusammengetragen werden muss.

Literatur

Anderson S, Ertaç S, Gneezy U, Hoffman M, List JA (2011) Stakes matter in ultimatum games. Am Econ Rev 101. https://rady.ucsd.edu/faculty/directory/gneezy/pub/docs/ultimatum_aer_published.pdf

Capen EC, Clapp RV, Campbell WM (1971) Competitive bidding in high-risk situations. J Petrol Technol 23:641–653

Che YK (1993) Design competition through multidimensional auctions. Rand J Econ 24:668–680

Chow YL, Ooi JT (2014) First-price sealed-bid tender versus English open auction: Evidence from land auctions. Real Estate Economics 42(2):253–278

Conitzer V, Sandholm T (2018) Applications of automated mechanism design. Carnegie Mellon University. Journal contribution. https://doi.org/10.1184/R1/6603536.v1

Eichstädt T (2007) Designing Reverse Auctions for B-2-B Procurement – Evidence from the German Industry. Schloss Dagstuhl-Leibniz-Zentrum für Informatik

Fisher R, Ury W (1981) Getting to yes: Negotiating agreement without giving in. Houghton Mifflin Company, Boston

Fugger N, Katok E, Wambach A (2016) Collusion in dynamic buyer-determined reverse auctions. Manage Sci 62(2):518–533

Goossens DR, Onderstal S, Pijnacker J, Spieksma FC (2014) Solids: A combinatorial auction for real estate. Interfaces 44(4):351–363

Güth W, Schmittberger R, Schwarze B (1982) An experimental analysis of ultimatum bargaining. J Econ Behav Organ 3(4):367–388

Gupta S (2002) Competition and collusion in a government procurement auction market. Atlantic Economic Journal 30, 13–25. https://doi.org/10.1007/BF02299143. Zugegriffen: 19. Febr. 2021

Hammami F, Rekik M, Coelho LC (2019) Exact and heuristic solution approaches for the bid construction problem in transportation procurement auctions with a heterogeneous fleet. Transportation Research Part e: Logistics and Transportation Review 127:150–177. https://doi.org/10.1016/j.tre.2019.05.009

Hartley JL, Lane MD, Hong Y (2004) An exploration of the adoption of E-auctions in supply management. IEEE Trans Eng Manage 51(2):153–161. https://doi.org/10.1109/TEM.2004.826010

Hong Y, Wang C, Pavlou PA (2016) Comparing open and sealed bid auctions: Evidence from online labor markets. Inf Syst Res 27(1):49–69

Laffont J-J, Tirole J (1993) A theory of incentives in procurement and regulation. MIT Press, Cambridge

Limi A (2006) Auction reforms for effective official development assistance. Rev Ind Organ 28(2):109–128

Metrick A, Yasuda A (2011) Venture capital and other private equity: A survey. Eur Financ Manag 17:619–654

Muylle S, Standaert W (2016) The use of procedural fairness in electronic reverse auctions to enhance relationship quality. Psychol Mark 33(4):283–296

Onur I, Özcan R, Taş BKO (2012) Public procurement auctions and competition in Turkey. Rev Ind Organ 40(3):207–223

Porter D, Rassenti S, Roopnarine A, Smith V (2003) Combinatorial auction design. Proc Natl Acad Sci 100(19):11153–11157

Quan DC (1994) Real estate auctions: A survey of theory and practice. The Journal of Real Estate Finance and Economics 9(1):23–49

Schoenherr T, Mabert VA (2006) Bundling for B2B procurement auctions: current state and best practices. International Journal of Integrated Supply Management 2(3):189–213

Tirole J (1988) The theory of industrial organization. MIT Press, Cambridge

Einkaufsverhandlungen mit Monopolisten

3

Zusammenfassung

Nur selten hat man es im Einkauf mit einem echten Monopolisten zu tun. Doch auch wenn es sich im Einzelfall um einen solchen handelt, ist seine Macht, die Bedingungen in den Verhandlungen diktieren zu können, nicht unbegrenzt. Zeigt die Gegenseite in einer bilateralen Verhandlung kein Entgegenkommen, gibt es eine Konterstrategie: Anstelle des Wettbewerbsdrucks können eine ganze Reihe von Sanktionen eingesetzt werden, die als Konsequenz angedroht werden können, sollte der Monopolist nicht kooperieren. Die einzelnen Schritte für eine erfolgreiche bilaterale Verhandlung sind die genaue Vorbereitung der Verhandlung, die Differenzierung zwischen den unabdingbaren Forderungen und den für einen Austausch geeigneten Tradables, ein klares Verhandlungsmandat, eine detailliert ausgearbeitete Storyline für die Kommunikation mit dem Verhandlungspartner sowie eine Verhandlungsroadmap samt klarer Rollenverteilung im Verhandlungsteam.

3.1 Zuerst prüfen, ob der Zulieferer wirklich über ein Monopol verfügt

In unseren Projekten stoßen wir häufig auf das Phänomen, dass unser Kunde einen Zulieferer als Monopolisten vorstellt. Etwa wenn er bei diesem Zulieferer bisher immer gekauft hat, da dieser die geforderten Spezifikationen liefern kann und es scheinbar keine Alternativen zu ihm gibt. Oder wenn einfach nicht alle potentiellen Alternativen ausgeschöpft wurden, etwa weil es in einem Fachbereich gewisse Präferenzen für einen Lieferanten gibt oder dem Einkauf schlicht die Zeit fehlt für den strategischen Aufbau eines neuen Lieferanten. Dabei ist es in der

Praxis wirklich extrem selten, dass man im Einkauf einem echten Monopolisten begegnet, der nicht ersetzbar ist. Wenn beispielsweise Logistikleistungen eingekauft werden müssen und die Waren bisher über den Schienenverkehr transportiert wurden, so ist die Deutsche Bahn sicherlich ein Monopolist. Denn natürlich ist es schwierig, beim Schienentransport auf sie zu verzichten. Geht es allerdings darum, den Transport von A nach B einzukaufen, gibt es immer auch die Straße, den Luftverkehr, in manchen Fällen sogar den Wasserweg. Die Frage, die wir schon ausführlich behandelt haben, ist dann nur: Wie bepreise ich die Alternativen, um die kostengünstigste Option zu wählen? Dafür müssen alle Eigenschaften der möglichen Transportwege miteinander vergleichbar gemacht werden. Ist dieser Schritt jedoch getan, lassen sich die Früchte des neuen Wettbewerbs schnell ernten (Abb. 3.1).

Die Wettbewerbslandschaft analysieren, das Blickfeld erweitern

Die Frage, die sich jeder Einkäufer in dieser Situation stellen sollte, lautet also: Verfügt mein Zulieferer wirklich über ein Monopol? Oder habe ich die Wettbewerbslandschaft vielleicht nicht eingehend analysiert? Denn meistens gibt es diese Alternativen, und wenn nicht kurzfristig, dann zumindest mittel- oder langfristig. Denn selbst wenn diese Alternativen nicht sofort verfügbar sind, so können sie doch in den Verhandlungen mit dem Monopolisten genutzt werden, wie wir noch sehen werden. Wichtig ist, die Verhandlung ohne Emotionen zu führen: Viele denken, mangels Wettbewerb müssten oder könnten sie durch moralische Appelle von der Gegenseite Konzessionen erzielen. Dieses rein argumentative Vorgehen ohne wirkliche Alternativen führt aber nur selten zu einem zufriedenstellenden Ergebnis. Viel sinnvoller ist es zu überlegen, wie auch bei einer bilateralen Verhandlung wettbewerbsähnliche Zustände erreicht werden können. Und das ist in den meisten Fällen möglich.

Das heißt: Vor der ersten Kommunikation mit dem Zulieferer steht die Analyse der Wettbewerbslandschaft. Ist der Monopolist wirklich der einzige Zulieferer, der das gewünschte Produkt liefern kann? Es kann ja durchaus vorkommen, dass man die Kriterien erweitern muss wie im obigen Beispiel der Deutschen Bahn. Oder dass man einen Fachbereich einbeziehen muss. So haben wir schon häufiger beobachtet, dass auch bei sehr standardisierten Produkte wie Kabel oder Rohstoffen nur ein Hersteller und dazu noch mit seinem eigenen Produktportofolio und seinen Artikelnummern angefragt wurde. Das war für diesen natürlich ein klarer Hinweis, dass der Auftrag ohnehin an ihn gehen würde. Besser wäre es deshalb, die Produkte auf Basis eines standardisierten Codes oder einer solchen Norm allgemein auszuschreiben. So würde man Wettbewerb schaffen und der Bestandslieferant könnte sich nicht sicher sein, dass er zum Zuge kommt.

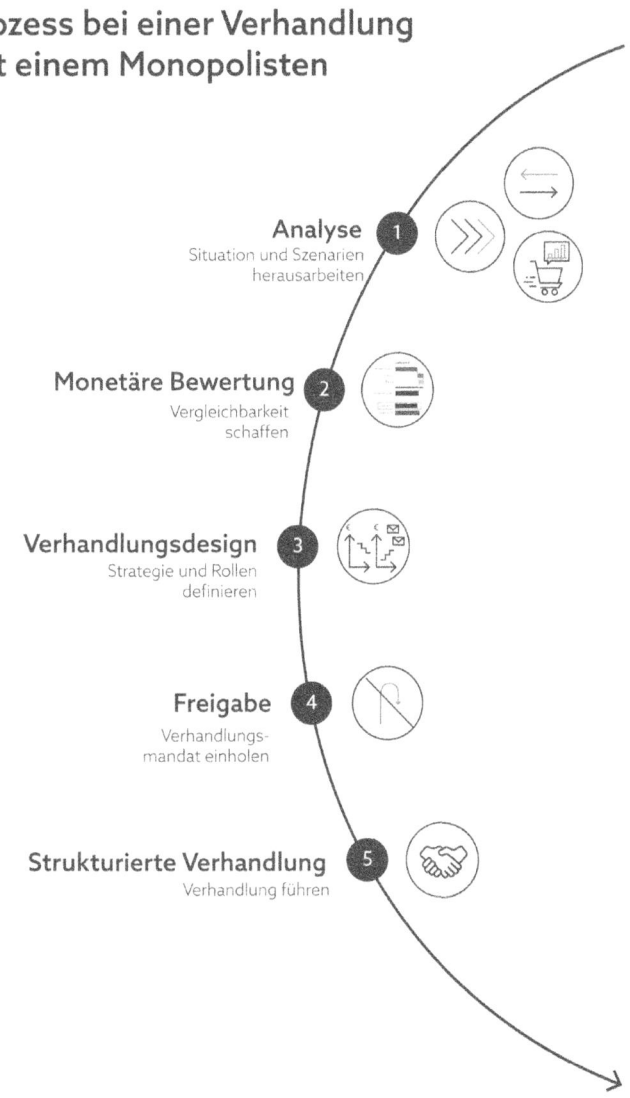

Abb. 3.1 Der spieltheoretisch optimierte Verhandlungsprozess – Einzelne Schritte des spieltheoretisch optimierten Verhandlungsprozesses bei Verhandlungen mit einem Monopolisten

Dafür muss aber der technische Fachbereich vom Einkauf sensibilisiert werden und dem Einkauf die nötige Dokumentation zur Verfügung stellen, damit der Einkauf herstellerneutrale RfQs verschicken kann. Diese kleinen Schritte weg von einer Lieferantensicht in Richtung einer Materialfeldbetrachtung können oft schon erste wirkungsvolle Signale beim Verhandlungspartner setzen.

Sollten diese noch nicht existieren, muss der Einkauf in diese Richtung aktiv werden. Da kann es durchaus vorkommen, dass sich der technische Fachbereich erstmal querstellt: Für ihn funktioniert der aktuelle Zulieferer und eine neue Freigabe bedeutet unter Umständen für ihn viel Arbeit. Deshalb ist es wichtig, die Position des Einkaufs unternehmensintern zu stärken und verständlich zu machen, wie essenziell es für die Funktion des Einkaufs ist, für Wettbewerb sorgen zu können. In vielen Fällen reicht es sogar schon, dem Bestandslieferanten glaubhaft zu machen, dass ihm Wettbewerb droht, vielleicht noch nicht für diese Vergabe, aber für die nachfolgenden, und dass das Unternehmen bereit ist, dafür Geld und Kapazitäten einzusetzen. Das erfordert viel Überzeugungsarbeit vonseiten des Einkaufs, aber diese lohnt sich, wenn es gelingt, zumindest wettbewerbsähnliche Rahmenbedingungen zu schaffen.

Manchmal werden auch Alternativen übersehen, weil die Verbindungen zwischen dem Einkäufer und dem Zulieferer eng sind. Hat ein Einkäufer schon jahrelang mit dem Zulieferer zusammengearbeitet und haben sich effiziente Prozesse eingestellt, ist dies häufig eine große Hürde für den Einkäufer, Alternativen zu suchen. In der Wirtschaftstheorie spricht man vom sogenannten Prinzipal-Agenten-Problem: Die Interessen zwischen der Firma und dem Einkäufer sind nicht deckungsgleich (Lafont und Tirole 1993). Die Firma als der Prinzipal möchte dort einkaufen, wo es am günstigsten ist. Der Einkäufer als der Agent möchte dagegen seinen Job so zuverlässig wie möglich machen, da er danach bewertet wird, ob die Produkte eingekauft werden oder nicht. Die Folge ist, dass mögliche Einsparungen nicht realisiert werden.

Die Kosten eines möglichen Zuliefererwechsels objektiv bewerten
Häufig werden auch Alternativen übersehen, weil Kosten, die bei einem Wechsel des Zulieferers entstehen, rein aus dem Gefühl geschätzt und für zu hoch befunden werden. Um die Wechselkosten zu bestimmen, muss das Wissen aus dem Unternehmen systematisch und strukturiert eingesetzt werden, die Entscheidung darf nicht Resultat des Bauchgefühls des Einkäufers oder der Fachabteilung sein. Der richtige Weg wäre dann, einen Ingenieur und weitere Experten damit zu beauftragen, die Situation objektiv zu bewerten.[1] Der Einkaufsprozess für

---

[1] Ein sogenannter crossfunktionaler Ansatz, siehe dazu auch Abschn. 2.1.

ein neues Produkt muss also damit beginnen, die Ingenieure und andere Stakeholder des Unternehmens zu befragen, bevor der Request for Quotation (RfQ) an den oder die Zulieferer verschickt wird. Werden die internen Experten erst nach der Vergabe einbezogen, ist es häufig schon zu spät. Da die potenziellen Einsparungen durch das Aufbrechen einer langjährigen Monopolstellung eines Lieferanten häufig besonders hoch sind, lohnen sich solche Investitionen in den Aufbau von Wettbewerb oft schon bei geringen Volumina. Gerade wenn die Möglichkeit besteht, das Verhandlungsvolumen über die Vergabe eines Mehrjahresvertrags zu erhöhen, können solche Investitionen sehr wahrscheinlich über das Verhandlungsergebnis wieder kompensiert werden.

Über einen Zuliefererwechsel hinaus bestehen immer auch sogenannte Outside Options, die das eigene BATNA ausmachen. So kann ein Unternehmen für Wettbewerb sorgen, indem es Konkurrenz mittelfristig selbst schafft, entweder durch eigene Herstellung oder die Akquisition des Zulieferers. Sogar Teilwettbewerb kann hilfreich sein, etwa wenn ein Zulieferer zwar als einziger für einen Teil der eingekauften Leistungen in Frage kommt, er aber auch den Zuschlag für andere Aufträge über andere Warengruppen erhalten will. Besteht dort Wettbewerb, können die beiden Aufträge miteinander verknüpft werden über ein sogenanntes Bonus-Malus-System, wie vorigen Kapitel. Der Zulieferer bekommt dann einen Bonus in der Wettbewerbsvergabe, wenn er ein gutes Angebot bei der Auftragsverhandlung ohne direkten Wettbewerb macht. Hier müssen allerdings die Abhängigkeiten genau analysiert werden. Generell gilt, dass das Volumen, bei dem Wettbewerb besteht, das Volumen ohne Wettbewerb signifikant übersteigen sollte.

Um Druck beim Zulieferer zu erzeugen, hat ein Unternehmen immer noch eine letzte Option: die Einstellung des Produktes. Ist die Produktion dieses Produktes nicht mehr profitabel aufgrund der Konditionen, die der monopolistische Zulieferer diktiert, kann das Unternehmen damit drohen, die Produktion einzustellen. Dieser Produktionsstopp würde nicht nur das eigene Unternehmen, sondern auch den Zulieferer hart treffen. Damit wirkt sich die Einstellung eines Produktes fast wie Konkurrenz auf den Zulieferer aus: Für ihn hat es das gleiche Resultat, ob das Produkt eingestellt wird oder ob ein anderer Zulieferer den Auftrag bekommt – der Auftrag ist weg.

Fazit
Echte Monopolisten gibt es in der Realität selten. Ein Unternehmen hat fast immer Alternativen, über die sich Druck aufbauen lässt und die wie Wettbewerbsdruck genutzt werden können. Zusammen mit einer strukturierten Ankündigung von Regeln und einem strikten Commitment zu diesen Regeln kann eine bilaterale

Verhandlung ähnlich erfolgreich geführt werden wie eine klassische Wettbewerbsverhandlung. Besonders, da das einzusparende Potenzial bei einem vermeintlichen
Monopolisten meist deutlich über dem von sehr wettbewerbsintensiven Material-
feldern liegt.

3.2   Identifikation von Konsequenzen

Der erste Schritt einer erfolgreichen bilateralen Verhandlung ist die Identifikation
von Konsequenzen. Abstrakt bedeutet eine Konsequenz für einen Verhandlungspartner ein Szenario, das ausgelöst wird durch seine Entscheidung. Er hat es also
selbst in der Hand, ob die Konsequenz Realität wird. In einer Verhandlung muss
dem Monopolisten also verständlich gemacht werden, wie das Szenario beschaffen ist, wenn er sich nicht in die gewünschte Richtung bewegt. Ihm muss deutlich
vor Augen geführt werden, wie die Zukunft aussieht, wenn er nicht kooperiert.
Das verträgt keine vage Sprache etwa in dem Sinn „vielleicht werden wir Sie
für Neuvergaben nicht mehr berücksichtigen". Vielmehr müssen die Verhandlungspartner mit Fakten und Business Cases konfrontiert werden, die im Vorfeld
innerhalb des Unternehmens bis auf Top-Management-Ebene abgestimmt wurden. Klare, verständliche Aussagen sind die entscheidende Bedingung für eine
glaubhafte Kommunikation. Die könnten zum Beispiel so lauten: „In den nächsten drei Jahren expandieren wir nach China, es stehen dabei Investitionen und
Neugeschäft in Höhe von hundert Millionen Euro an. Wenn Sie daran beteiligt
sein wollen, müssen wir unsere kommunizierten Verhandlungsziele erreichen."
      Zu diesem Zweck müssen Konsequenzen identifiziert und kommuniziert
werden. Diese können von sanftem Druck bis hin zu harten, auch durchaus
kostspieligen Folgen reichen. Beispiele mit steigender Wirkung sind:

* gemeinsame Messeauftritte beenden, sollte man bisher als Partner aufgetreten
  sein;
* geplante Werbemaßnahmen stoppen;
* Lieferantenstatus intern runtersetzen. Das ist gerade bei einem Lieferanten für
  das Seriengeschäft ein oft sehr wirksames Mittel. Damit wird dem Lieferanten
  deutlich gemacht, dass er bei allen zukünftigen Vergaben einen Nachteil haben
  wird, bis er sich seinen besseren Status wieder verdienen kann, und das ist für
  ihn ein großes Risiko;
* für Neugeschäft sperren, die Ultima Ratio des vorangegangenen Punktes. Hier
  sollten allerdings die potenziellen Kosten durch fehlenden Wettbewerb bei
  zukünftigen Vergaben ohne diesen Lieferanten berücksichtigt werden;

- gemeinsame Managementmeetings oder strategische Meetings absagen;
- erste Schritte in Richtung einer Alternative einleiten, etwa ein R&D-Team für die Entwicklung einer eigenen Produktion für das Produkt zusammenstellen. So wird dem Lieferanten glaubhaft gedroht, dass er in Zukunft mit Wettbewerb zu rechnen hat. Der Charme dieser Maßnahme ist, damit eine Argumentation für ein Business Case zu haben. Denn hat man errechnet, dass die Investition in erste Entwicklungsschritte Sinn haben, liegt es allein beim Lieferanten, dieses Szenario abzuwenden: Indem er die eigenen Konditionen verbessert oder Preise reduziert, kann er den Business Case obsolet machen;
- eine Outside-Option realisieren, um das Produkt oder die Dienstleistung selbst herzustellen – der nächste Schritt bei der Schaffung einer Alternative;
- zuletzt der Nuklearschlag: das Produkt auslaufen lassen oder es am Zulieferer vorbei umgestalten – dann wird der Zulieferer nicht mehr benötigt. Das kann einen selbst teuer kommen. Dieser Business Case muss deshalb klar gerechnet sein. Nur dann ist eine solche Konsequenz glaubhaft.

Die Androhung der Konsequenzen erzeugt Druck auf die Preise
Diese Konsequenzen müssen dem Zulieferer glaubhaft kommuniziert werden, am besten über einen Business Case, der vorrechnet, wie die Zukunft aussehen kann, wenn diese Konsequenzen umgesetzt werden. Insofern ist die Situation ähnlich wie bei einer Wettbewerbsverhandlung: Was bei der letzteren die Konkurrenten sind, sind bei Monopolverhandlungen die Konsequenzen. Statt des Drucks, dass ein anderes Unternehmen den Auftrag bekommen könnte, erzeugt hier die Androhung von Konsequenzen den Preisdruck. Konsequenzen ersetzen also in gewisser Weise den Wettbewerb in der Verhandlung mit dem Monopolisten. Ein großer Unterschied besteht aber: Wie in Kap. 2 dargestellt, nimmt der Einkauf im optimalen Fall eines wettbewerblichen Vergabeprozesses eine eher passive Rolle ein: Er ist nur noch Schiedsrichter. Beim Monopolisten muss der Einkäufer dagegen aktiv werden, indem er den Druck am Verhandlungstisch über die aufgezeigten Konsequenzen aufbaut. Aufgrund dieser vergleichbaren Lage kann sich der Einkäufer bei Verhandlungen mit Monopolisten auch der Tools bedienen, die sich schon als erfolgreich im Wettbewerbsfall erwiesen haben. Das sind zum Beispiel

- die Wettbewerbsmatrix, falls es doch Konkurrenten gibt, sowie die ganzheitliche Bestimmung der Wechselkosten,
- die Marktanalyse: Wie ist der Markt aufgestellt,
- die Evaluierung vorhandener Outside-Optionen,
- die Bestimmung der Kosten, um eine Lösung selbst zu erarbeiten,

- BATNA („Best Alternative to a negotiated Agreement") – die beste Alternativoption, falls die Verhandlung scheitert. (siehe Abschn. 2.3.)

Beispiel: Kreative Konsequenzen in der Verhandlung mit einem Monopolisten
Bei einem Kunden in der Unterhaltungsbranche sollten wir mit einem Dienstleister verhandeln, der sich mit seinem Angebot wie ein Monopolist verhielt. So hatte er seine Preise jährlich um circa acht Prozent erhöht, ohne dafür einen Mehrwert zu bieten oder nachvollziehbare Gründe anzuführen. Ganz im Gegenteil: Das technische Konzept begann zu altern, und es war nicht ersichtlich, dass er in näherer Zukunft Innovationen entwickeln würde. Dabei ging es nicht um einen kleinen Betrag: Die Zahlungen beliefen sich auf circa 100 Mio. EUR pro Jahr. Trotzdem hatte es bisher kein anderer Player geschafft, sich gegen diesen Bestandsdienstleister im Markt zu behaupten; zu groß waren die Netzwerkeffekte, da auch andere auf seine Dienste zurückgegriffen haben. Unser Kunde war genauso auf diese spezielle Dienstleistung angewiesen, von der für ihn circa 350 Mio. EUR Umsatz abhingen. Also schluckte er die Preiserhöhungen Jahr für Jahr. Als wir in das Projekt einstiegen, war der aktuelle Vertrag gerade ausgelaufen und es gab eine erste Initiative auf C-Level zwischen unserem Kunden und dem Zulieferer mit dem Ziel einer Preisreduktion. Darauf ging der Zulieferer erst gar nicht ein, im Gegenteil legte er sogar eine weitere Preiserhöhung vor.

Das Problem war, dass ein Verzicht auf die Dienstleistung hohe Verluste bei den Werbeeinahmen unseres Kunden mit sich gezogen hätte, etwa in der Größenordnung 1:10. Außerdem war bekannt, dass ein Konkurrent unseres Kunden bereits versucht hatte, hart mit dem Dienstleister zu verhandeln, und das Ergebnis war ernüchternd: Der Dienstleister hatte diesen Kunden für eine Zeit gesperrt und die ganze Aktion hatte ihn viel Geld gekostet.

Am Ende ist es uns trotzdem gelungen, hohe Einsparungen zu erzielen, indem wir rigorose Konsequenzen erarbeiteten und ihm diese klar vor Augen führten.

Wir einigten uns mit dem Kunden auf eine mehrstufige Strategie: Um zu zeigen, dass unsere angekündigten Konsequenzen tatsächlich keine leeren Drohungen sind, kündigte unser Kunde erstmal den Vertrag zwischen drei kleineren Tochterfirmen und dem Dienstleister. Das kostete ihn zwar Geld, aber es zeigte dem Dienstleister, dass unser Kunde bereit ist, Geld in die Hand zu nehmen, sollte es nicht zu einer Einigung kommen. In einem zweiten Schritt wurde durch intensive Recherche und Analyse ein Report erstellt. Dieser hatte die Kernaussage, dass der Dienstleister in der Branche zwar durchaus ein Standing habe, aber die gelieferte Datenqualität nicht von allerhöchster Güte sei. Mit diesem vorbereiteten Kommunikationsdokument konnte dann, wenn es nötig wurde, an die Öffentlichkeit gegangen werden. Dies hätte zur Folge gehabt, dass vielleicht auch Konkurrenten unseres Kunden mit auf den Zug springen würden, schließlich hatten diese ebenfalls mit stetigen Preiserhöhungen durch den Monopolisten zu kämpfen. Solch ein koordinierter Wechsel wäre für den Dienstleister gefährlich geworden, denn ein gemeinsames Handeln unseres Kunden mit den Konkurrenten hätte für den notwendigen Drive sorgen können, dass man sich allgemein für eine andere Lösung umschauen würde. Das Potential, den Markt zu kippen bestand deutlich.

Zu guter Letzt wurden Vorbereitung getroffen, um einen Start-up-Inkubatorfonds aufzulegen, der helfen sollte, Alternativen zu entwickeln. Da es ja um erhebliche Preiserhöhungen bei einem Auftragsvolumen von mehr als hundert Millionen Euro ging, war ein Budget für solche Maßnahmen vorhanden. Der Kunde wollte sich nicht länger auspressen lassen. Mit den Kündigungen der Tochtergesellschaften und nach der Präsentation der Konsequenzen hatten wir auf einmal die volle Aufmerksamkeit des Dienstleisters und man konnte sich auf einmal vergleichsweise schnell einigen. Allerdings waren die Vorbereitungen in diesem Mammutprojekt erheblich, die Erstellung der Berichte und Business-Case-Analysen zog sich über Monate hinweg. Auch die Investitionen in Form von Kosten für die Kündigungen waren nicht zu vernachlässigen. Diese waren dann aber schon im ersten Jahr danach wieder durch die reduzierten Preise des Monopolisten reingeholt.

Fazit

In der Verhandlung mit einem Monopolisten ersetzt die Androhung von Konsequenzen den Konkurrenzdruck der Wettbewerbsverhandlung. Ein Unternehmen verfügt also über ein Arsenal an Optionen, mit denen es dem Zulieferer signalisieren kann, dass ein uneinsichtiges Verhalten Folgen haben wird und er langfristig besser fährt, wenn er einlenkt. Allerdings spielen eine aktive Verhandlungsführung und die Kommunikation hier eine noch wichtigere Rolle als in der Wettbewerbsverhandlung. Entscheidend ist, dass die erarbeiteten Konsequenzen im Vorfeld mit allen relevanten Entscheidungsträgern abgestimmt wurden. Man muss natürlich auch mit Gegenmaßnahmen des Verhandlungspartners rechnen, die keinen Einfluss auf die vorher abgestimmte Ausführung der Konsequenzen haben dürfen.

3.3   Verhandlungsoptionen und ihre Monetarisierung

Unter Verhandlungsoptionen verstehen wir alle Variablen und Aspekte, die
genutzt werden können, um die Verhandlungsmasse zu vergrößern. Dies gilt
zum Beispiel für alle Bestandteile eines Vertrages, die verhandelt werden sollen oder können, also die Vertragsprämissen. Darunter fallen neben dem Preis
auch alle anderen Qualitäten und Spezifikationen des Produktes oder der Dienstleistung wie beispielsweise Fertigungsmethode, Werkstoff, Logistik, Lieferdatum
etc. All diese Faktoren sollten vor der Vergabe festgelegt werden, um, wie bei
der Wettbewerbsvergabe, Vergleichbarkeit zu schaffen. Statt der Vergleichbarkeit
zwischen den Zulieferern zu schaffen, gilt es bei bilateralen Verhandlungen eine
Vergleichbarkeit zwischen den einzelnen Bestandteilen des Vertrages herzustellen.
Der Gesamtprojektwert muss bestimmt werden, und wie bei der Wettbewerbsvergabe ein Scoring mithilfe eines Bonus-Malus- Systems monetäre Vergleichbarkeit
zwischen den Anbietern herstellt, so müssen bei der monopolistischen Verhandlung alle Verhandlungsoptionen objektiv in Geldwerten ausgedrückt werden. Nur
so lassen sich die die Bestandteile gegeneinander abwiegen, wenn zum Beispiel
eine Eigenschaft gegen eine andere oder eine Preisreduktion eingetauscht werden
soll (Abb. 3.2).

Optimierung der Verhandlungsoptionen

Konsequenzen   **Tradables**   **Forderungen**

Dem Lieferanten   Dem Lieferanten   Vom Lieferanten
Konsequenzen   etwas bieten, um im   Aspekte, die man
aufzeigen   Gegenzug eigene   selbst durchsetzen
                       Forderungen durch-   will, einfordern ohne
                       zusetzen   Kompromisse

Abb. 3.2 Konsequenzen, Tradables und Forderungen – Es ist wichtig, sich vor der Verhandlung genau zu überlegen, welche Konsequenzen umgesetzt werden können, welche Tradables
verfügbar sind und welche Forderungen gestellt werden sollen

Unterscheiden zwischen Forderungen und Tradables

Der erste Schritt hier besteht darin, wirklich jedes Detail des zu verhandelnden Gutes oder der Dienstleistung aufzulisten, angefangen bei der Spezifikation bis hin zu allen Eigenschaften, die dem Unternehmen Geld wert sein könnten. Danach sollten die Verhandlungsoptionen des Vertrages in Forderungen und Tradables unterteilt werden. Als Forderungen bezeichnen wir dabei die Ziele, die es zu erreichen gilt. Das kann ein Preis, eine Mindestmenge oder ein anderer Faktor sein. Erfüllt der monopolistische Zulieferer diese Forderungen nicht, werden entweder Konsequenzen ausgelöst oder das Produkt wird nicht eingekauft und es kommt kein Vertrag zustande. Die Forderungen sollten also im Vorfeld wohlüberlegt und auch mit dem Management abgesprochen sein. Schließlich sollten nur Eigenschaften als Forderung bezeichnet werden, die ein No-Go bedeuten: Werden sie abgelehnt, sind die Konsequenzen bis hin zum Walk-away, also dem Beenden der Verhandlung, von oberster Stelle abgesegnet.

Als Tradables bezeichnen wir dagegen die Eigenschaften des Vertrages, die unter Umständen nützlich für den Einkäufer sein können, die aber nicht essentiell für das Zustandekommen eines Vertrages sind. Es ist somit auch ein Ergebnis akzeptabel, wenn sie nicht erreicht werden. Die Tradables können also im Laufe der Verhandlung strategisch eingetauscht werden und wir werden sehen, dass sich durch diese die Verhandlungsmasse vergrößern lässt.

Hier kann es nützlich sein, eine Ampel wie in Abb. 3.1 für die Kommunikation mit dem Zulieferer zu nutzen: Dazu werden mit dem Management drei Korridore abgestimmt, die jeweils ein Menü an Konsequenzen oder Tradables auslösen. Werden nur die Einsparziele aus dem Korridor „rote Ampel" erreicht, finden die vergleichsweise stärksten Konsequenzen Anwendung. Bei Gelb könnten erste Tradables als Goodie eingetauscht werden und bei Grün könnten sogar eine strategische Partnerschaft sowie verbindliche und langfristige Zusagen in Aussicht gestellt werden (Abb. 3.3).

Die Unterscheidung in Forderungen und Tradables ist aus taktischen Gründen wichtig. Bei einer bilateralen Verhandlung sollte am Ende eine Win–win-Situation stehen, im besten Falle fühlt sich keine der beiden Seiten als deutlicher Verlierer. In diesem Punkt besteht ein grundsätzlicher Unterschied zur Wettbewerbsverhandlung. Bei einer Wettbewerbsverhandlung in Form einer Auktion nehmen mehrere Lieferanten teil und in der Regel ist die Vergabe so gestaltet, dass ein Lieferant klarer Gewinner am Ende ist. Dementsprechend klar ist auch die Erwartungshaltung an den Vertrieb. Natürlich soll er den Auftrag nach Hause holen, aber wenn das nicht der Fall ist, hat er eine Begründung: Die anderen Lieferanten waren einfach aggressiver oder für bessere Konditionen freigegeben. Ein Misserfolg in einer Auktion ist demnach in den Augen der Vorgesetzten nicht unbedingt dem

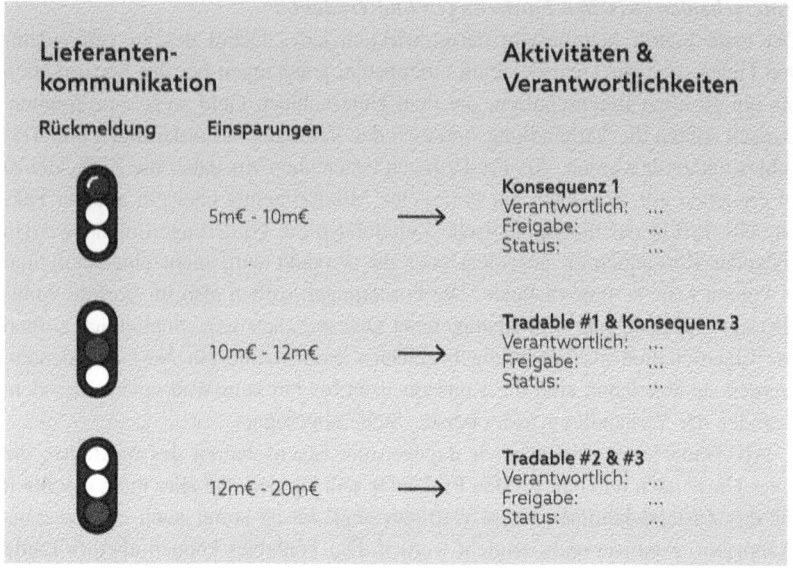

Abb. 3.3 Rot, Gelb und Grün: Ampelkorridore für die Verhandlung – Beispiel für die Darstellung der Forderungen, Tradables und Konsequenzen an den Zulieferer und das eigene Management

Vertriebler anzulasten, der an der Auktion teilgenommen hat. Bei einer bilateralen Verhandlung ist das anders. Hier verhandelt man nur mit einem Gegenüber, und alle Eigenschaften des Vertrages liegen während des Prozesses auf dem Tisch. Der Vertriebler sollte nicht seinem Chef sagen müssen, dass er in allen Punkten zurückstecken musste. Das wird kein Vertriebler akzeptieren (können), dementsprechend sollte auch die eigene Storyline das berücksichtigen und die Erwartungen an das Ergebnis angepasst werden. In der bilateralen Verhandlung wird keine Seite ihr Gesicht vollständig verlieren wollen und dürfen.

Es ist daher auch nicht optimal, als primäres Ziel so viele Verhandlungsoptionen wie möglich durchzusetzen. Es kann sich durchaus lohnen zu tauschen und genau das ist über die Tradables realisierbar. Der Auftraggeber kann einzelne Aspekte des Vertrages als Verhandlungsmasse zur Disposition stellen, aber dazu muss er natürlich wissen, was diese ihm wert sind. Dementsprechend wichtig ist die Monetarisierung der Optionen, um objektive Entscheidungen beim Eintauschen treffen zu können. Tradables können auch Eigenschaften sein, die für den Auftraggeber vielleicht nicht relevant sind, für den Zulieferer aber durchaus eine Rolle spielen. Wenn beispielsweise die Lieferzeiten im Standardvertrag des Auftraggebers festgeschrieben, aber für diesen nicht essentiell sind, es aber dem Lieferanten schwerfällt sie einzuhalten und sie ihm hohe Logistikkosten verursachen, eignen sich die Lieferzeiten als Tradable. Der Einkäufer kann sie gegen eine für ihn wichtige Eigenschaft des Vertrages eintauschen. Dabei ist es durchaus üblich und nützlich, die Tradables zu Beginn der Verhandlung aus taktischen Gründen besonders hervorzuheben, um sie am Ende der Gegenseite im Austausch für etwas Anderes anzubieten, was einem wichtiger ist.

Die Interessen der Gegenseite beachten

Ein wichtiger Punkt bei der bilateralen Verhandlung ist es, die Gegenseite im Blick zu behalten. Das ist ein wesentlicher Unterschied zu einer Wettbewerbsverhandlung, bei der ein festliegender Auftrag nach den Regeln der Vergabe ohne Ansehen der Bieter verteilt wird. Natürlich kann jeder potenzielle Zulieferer in der Vorbereitungsphase oder während der Lieferantenkommunikationen Änderungen akzeptieren. Allerdings werden sie bei der letztendlichen Vergabeverhandlung vor vollendete Tatsachen gestellt und müssen auf ein festliegendes Gerüst an Spezifikationen bieten. Bei der bilateralen Verhandlung dagegen lohnt es sich zu überlegen, was wichtig für die Gegenseite ist. Wenn Eigenschaften der Vergabe für die beiden Seiten unterschiedlich wichtig sind, kann es zu einer effektiven Vergrößerung des zu verteilenden Kuchens kommen.

Beispiel: Lieferzeit für ein Bauteil zu einem Stückpreis von 200 €

Angenommen, die Lieferzeit für ein Bauteil zu einem Stückpreis von 200 EUR beträgt nach Standardvertrag zwei Wochen. Der Auftraggeber profitiert von der kurzen Lieferzeit jedoch gar nicht. Eine hypothetische Reduzierung von drei auf zwei Wochen wäre ihm kein Euro wert. Dem Lieferanten dagegen bereitet die kurze Lieferzeit großes Kopfzerbrechen, er könnte bei drei Wochen Lieferzeit durch stark sinkende Komplexität bei Logistik und Fertigung zehn Euro Rabatt geben. Einigen sich beide in der Verhandlung auf die Lieferzeit von drei Wochen, vergrößert sich der zu verteilende Kuchen effektiv um zehn Euro. Durch den Tausch eines Tradable ergibt sich eine Verbesserung für alle. ◄

Fazit

Mithilfe der genauen Betrachtung und objektiven monetären Bewertung der Verhandlungsoptionen lässt sich die Verhandlung klar strukturieren. Nur wenn auf diese Weise die Optionen vergleichbar werden, lässt sich abwägen, was ein lohnenswerter Tausch oder ein gutes Angebot ist.

3.4   Notwendigkeit eines Verhandlungsmandats

Das Commitment der Unternehmensführung zum Vergabeprozess ist bei der Wettbewerbsverhandlung entscheidend, um ein optimales Ergebnis zu erzielen.[2] Das gilt analog gleichfalls für die bilaterale Verhandlung: Auch hier muss die Geschäftsführung hinter den Maßnahmen des Einkaufs stehen. Das betrifft insbesondere die Konsequenzen, aber auch die Definition, was zu den Tradables und was zu den Forderungen gehört. All das muss von der Geschäftsführung im Voraus abgesegnet werden.

Die angedrohten Konsequenzen müssen glaubhaft sein

Zum Zeitpunkt der Verhandlung müssen die angedrohten Konsequenzen nicht unbedingt die profitabelste Entscheidung für den Auftraggeber sein. Etwa im Fall der Ankündigung, eine eigene Produktion zu entwickeln, sollte der Zulieferer halsstarrig bleiben. Potenziell kann dies kurzfristig teurer sein, als eine Preiserhöhung des Zulieferers zu akzeptieren. Zeichnet sich jedoch ab, dass diese Erhöhung nicht die letzte war, lässt sich langfristig ein Business Case errechnen. Dieser Business Case, unterstützt durch das Commitment der Geschäftsführung zu dieser Entscheidung, stellt dann eine glaubhafte Konsequenz dar. Aber das geht nur, wenn das Management wirklich hinter dem Vorhaben steht und sich von einem stringent hergeleiteten Business Case überzeugen lässt. Ist der Business Case dagegen wirklichkeitsfremd, wird kaum ein Management das Vorhaben unterstützen. Dann ist er auch für den Zulieferer nicht glaubhaft. Und die Suche nach einer Alternative beginnt von vorn.

Damit die angedrohten Konsequenzen glaubhaft wirken, müssen sie mit allen für die Vergabeentscheidung relevanten Stakeholdern im eigenen Unternehmen abgeklärt werden. Im Wettbewerbsfall gehen Konsequenzen und Entscheidung für den Auftraggeber oft Hand in Hand. Gibt ein Anbieter nicht das beste Angebot ab, ist die Konsequenz, dass er den Auftrag nicht gewinnt. Diese Konsequenz ist also auch für den Auftraggeber optimal, denn er möchte dem Zulieferer den Auftrag

---

[2] Siehe Abschn. 2.10.

erteilen, der das beste Angebot abgibt. Deshalb ist es im Wettbewerbsfall häufig weniger strittig im Unternehmen, ob dem Einkauf ein Verhandlungsmandat erteilt wird oder nicht. Wie wir in Kap. 2 gesehen haben, geht es dabei meist darum, dem Vorstand den Vergabeprozess näher zu bringen.

„Cheap Talk" ist nicht zielführend
Um sinnvoll und effektiv auch in monopolistischen Situationen zu verhandeln, ist das Verhandlungsmandat essenziell. Es ist das Äquivalent zum Commitment im Wettbewerbsfall. Nachdem das Verhandlungsmandat intern abgestimmt wurde, kann es in der Kommunikation gegenüber dem Zulieferer genutzt werden. Der Verhandler aus dem Einkauf kann diesem nun klar signalisieren, welche Szenarien eintreten, falls es zu keiner zufriedenstellenden Einigung kommt. Gleichzeitig können auch Tradables und positive Szenarien glaubhaft und verbindlich dargelegt werden. Die interne Abstimmung verhindert somit, dass die angedrohten Konsequenzen nicht zu „Cheap Talk", also Drohungen ohne Zähne, werden. Cheap Talk kann zwar zu gewünschten Effekten führen, das ist aber bei erfahrenen Verhandlungspartnern nicht sehr wahrscheinlich. Eine Erklärung liefert die Spieltheorie: Signale, die nichts kosten, werden oft auch nicht ernst genommen. Das beobachten wir auch in der Praxis häufig, insbesondere bei Wettbewerbsvergaben, etwa wenn einer der Zulieferer droht, am Prozess nicht teilnehmen zu wollen, sondern sein angeblich letztes Angebot abgibt. Das ist in dem Kontext natürlich Cheap Talk, ein Versuch den Prozess zu umgehen, der ihn nichts kostet, und so das Commitment des Einkaufs herauszufordern. Wenn es dann ernst wird und der Vergabeprozess beginnt, lenken die allermeisten wieder ein und nehmen doch teil. Der Versuch, den Vergabeprozess zu umgehen, hat den Zulieferer also nichts gekostet. Hält sich ein Auftraggeber nicht streng an den vorgegebenen Prozess, kann ein Zulieferer so trotzdem einen Vorteil für sich herausschlagen. Für ihn ist es also nur rational, es mal zu versuchen. Signale müssen demnach kostspielig sein, damit man sie ernst nehmen kann. Das belegen viele Beispiele. So hat eine Untersuchung ergeben, dass Anfragen auf zwei Internetplattformen für Gratisübernachtungen deutlich erfolgreicher waren, je mehr Aufwand in die Anfrage gesteckt wurde (Tagiev 2015). Bei IPOs hat sich herausgestellt, dass „gute" Firmen kostspielige Signale senden sollten, um sich von den weniger wertvollen Firmen abzugrenzen, etwa indem der aktuelle Besitzer einen Großteil der Aktien weiter hält (Leland und Pyle 1977). Wichtig ist, dass das Signal nicht billig von schlechten Firmen zu kopieren ist.[3] Denn hält er viele Aktien, ist das für ihn

---

[3] Unterschied zwischen Cheap Talk und Signaling: Bei letzterem stehen Kosten hinter der Nachricht.

kostspielig, und das würde sich nicht für einen Besitzer lohnen, der weiß, dass seine Firma deutlich weniger wert ist. Das Signal ist also für diesen schwer zu kopieren, es handelt sich nicht um Cheap Talk.

Ohne Verhandlungsmandat hat der Zulieferer eine Outside-Option

In der Verhandlung kann der Einkauf also durchaus ein Signal geben, welches das eigene Unternehmen Geld kostet. Aber damit es glaubwürdig wirkt, benötigt der Einkauf hierfür das Verhandlungsmandat, da er in der Regel nicht im Alleingang eine solche Aktion entscheiden kann. Die Kommunikation der Konsequenzen und des Mandates sorgt jedoch immer wieder für Diskussionsstoff in den Verhandlungen: Viele Zulieferer sind das Commitment in der Verhandlung nicht gewohnt. Für sie bedeutet eine Verhandlung meist ein unstrukturiertes Gespräch über die Einkaufskonditionen. Ziel ist aber, ein klares Regelwerk für die Verhandlungen zu schaffen und durch ein Mandat von der Führung einen Entscheidungsraum absegnen zu lassen, innerhalb dessen sich der Einkauf bewegen kann. Hat man den Rahmen erst einmal abgesteckt, ist es nicht mehr so leicht möglich, davon abzukommen, sei es durch eigenes Verschulden oder vorsätzlich durch den Verhandlungspartner.

Warum ist das Verhandlungsmandat dabei so wichtig? Ohne das Verhandlungsmandat hat der Zulieferer eine Outside-Option zu der aktuellen Verhandlung. Sollte diese scheitern, kann er immer noch mit dem Top Management direkt nachverhandeln. Damit ist aber jegliche Konsequenz entschärft: Der Zulieferer wird immer im Hinterkopf haben, dass es noch einen anderen Weg zum Abschluss des Vertrages gibt. Die Konsequenzen, das Äquivalent zum Wettbewerb, haben dann keine Zähne. Wie bei Wettbewerb das Commitment, setzt im Monopolfall das Verhandlungsmandat gemeinsam mit den kommunizierten Konsequenzen die Anreize für den Zulieferer, ein kompetitives Gebot abzugeben. Im Wettbewerbsfall wissen die Zulieferer: Geben sie kein kompetitives Angebot ab, werden sie den Auftrag nicht gewinnen. Genauso muss der Zulieferer bei der monopolistischen Verhandlung verstehen, dass die kommunizierten, verbindlichen Konsequenzen eintreten, wenn er sein Angebot nicht verbessert.

Das Verhandlungsmandat formuliert also ein Mindestziel, das der Einkauf unabhängig von Interventionen des Managements erreichen muss, damit nicht die Option „Konsequenzen" eintritt. Anders formuliert: Welche Teilziele müssen auf jeden Fall erreicht werden und welche Spezifikationen des Vertrages stehen als Tradable zum Tausch zur Verfügung.

Externes und internes Verhandlungsmandat
Zu unterscheiden ist schließlich noch zwischen dem internen und dem externen Verhandlungsmandat. Das interne klärt den Verhandlungsspielraum mit den internen Stakeholdern. Also was ist die minimal akzeptable Einsparung? Was darf das Verhandlungsteam ohne weitere Nachfrage bei der Führung entscheiden? Welche Tradables sind dem Auftraggeber selbst nicht so wichtig, sodass sie eingetauscht werden können, um das Verhandlungsziel zu erreichen? Auch müssen die Konsequenzen, die eine umfassende und inhaltlich weitreichende Veränderung in einer Organisation bewirken sollen, vorher abgesegnet werden.

Das externe Verhandlungsmandat (siehe Abb. 3.4) ist demgegenüber eine Art Vollmacht für das Verhandlungsteam, die dem Lieferanten kommuniziert wird. Es wird aktiv als Tool eingesetzt, um dem Lieferanten seine Position zu erklären. Es beinhaltet alle Unterschriften der Stakeholder und wird dem Lieferanten vorgelegt, um zu zeigen, dass alle vorgestellten Konsequenzen mit dem Management abgesprochen sind und durchgeführt werden können. Das zeigt dem Lieferanten dann, neben dem Commitment, einen weiteren Punkt: Diese Verhandlung wurde

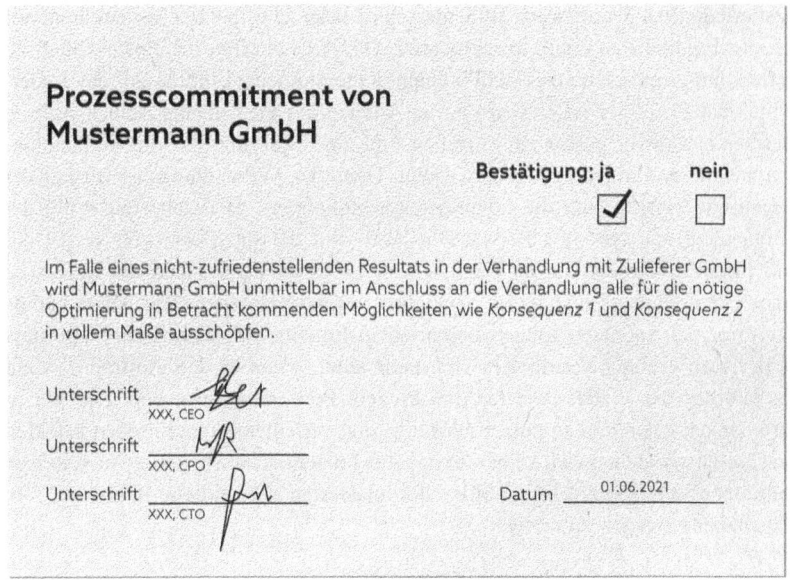

Abb. 3.4 Beispiel externes Verhandlungsmandat – Beispiel für die Darstellung des externen Verhandlungsmandats

strukturiert und ausgiebig vorbereitet. Bevor das Einkaufsteam beginnt, den Liefe-ranten zu überzeugen, hat es mit Hilfe von Business Cases das Top Management überzeugt. Das ist meist auch schon ein kostspieliges Signal.

Fazit

In dieser Kombination sind die beiden Mandatstypen ein mächtiges Werkzeug bei der bilateralen Verhandlung, um Druck auf die Gegenseite aufzubauen. Was bei der Wettbewerbsvergabe die Konkurrenz und das Commitment sind, sind bei der Monopolistenvergabe die Konsequenzen und das Verhandlungsmandat. Dement-sprechend sorgfältig muss die Evaluierung der Konsequenzen und die Freigabe des Verhandlungsmandats mit dem Management vorbereitet werden.

3.5   Essenziell: die anreizoptimierte Storyline

Bei der Wettbewerbsvergabe kommt es darauf an, das festgelegte Vergabedesign den potentiellen Zulieferern so verständlich wie möglich zu kommunizieren. Die Kommunikation ist hier einfach: Die Regeln des Prozesses werden verkündet, den Rest erledigt der Wettbewerb. Im Unterschied dazu ist es bei der Verhandlung mit einem Monopolisten etwas komplizierter. Die Art, wie ihm der Prozess und die Verhandlungsoptionen vorgestellt werden, kann durchaus Einfluss auf das Ender-gebnis haben. Daher ist es wichtig, die Anreize des Gegenübers, seinen Antrieb und seine Motive, genau zu verstehen und eine Storyline für die Verhandlun-gen auf diese Anreize hin zu entwickeln. Denn der Verhandlungspartner auf der Gegenseite vertritt zwar die Interessen des Zulieferers, er ist aber nicht mit der Firma identisch. Nur in einer idealen Welt sind die Interessen von Vertriebler und Firma kongruent. In der Realität aber ist es häufig so, dass die Interessen eines Unternehmens und seiner Vertriebler auseinandergehen. Wir haben bereits das Prinzipal-Agenten-Problem beschrieben. Ein Beispiel dafür kann sein, dass es der Karriere des Vertrieblers viel mehr nützt, wenn er den Auftrag gewinnt als wenn er die letzten zwei bis drei Prozent Preiserhöhungen holt. Das gilt es dann zu verstehen und zu nutzen. Wir alle sind verhaltensökonomischen Effekten ausgesetzt, vor denen sich keiner zu hundert Prozent schützen kann. Auch dessen sollte man sich bewusst sein, um bei der bilateralen Verhandlung richtig auf sein Gegenüber eingehen zu können.

Die wesentlichen Anreize des Gegenübers herausfinden

Man muss also verstehen, was die Gegenseite antreibt. Bedeutet für ihn Erfolg in der Verhandlung den letzten Euro herauszupressen, auch auf die Gefahr hin, den Auftrag zu verlieren? Oder will er unbedingt den Auftrag gewinnen, auch wenn vielleicht ein paar Euro auf der Strecke bleiben? Gibt es Ziele für Budgets (etwa Werkzeuge, Investitionen) beziehungsweise jährliche Preisreduktionen, die entscheidend für die persönlichen Anreize/Bonuszahlungen des Verhandlungspartners sind? Auf die Anreize der Gegenseite zu reagieren, kann also ein lohnenswertes Unterfangen sein. Das intern erarbeitete Vorgehen gilt es dann in eine externe Storyline zu verpacken.

Wie bei der Wettbewerbsvergabe hängt auch hier der Erfolg nicht von schönen Worten oder emotionalen Interventionen ab, sondern davon, wie strukturiert und vorbereitet man in den Prozess geht. Unsere Leitlinie ist: Wer argumentiert, verliert. Mit Argumenten meinen wir hierbei explizit Äußerungen wie „Wir arbeiten jetzt schon zehn Jahre zusammen, vielleicht wird es Zeit für einen Rabatt", ohne dies mit einem Business Case zu hinterlegen. Es sollte nicht in Argumentationsketten, sondern in Anreizen gedacht werden. Argumente sind nicht vollends nutzlos und können gelegentlich angebracht sein, aber sie dürfen nicht den Kern der Verhandlung bilden. Es ist wichtig, sich auf eine klare Message beziehungsweise Storyline festzulegen und davon nicht abzuweichen oder sich abbringen zu lassen.

Man muss sich des folgenden Punktes sehr bewusst sein: Bei einer Wettbewerbsvergabe sind die Bieter für gewöhnlich auf den Wettbewerb fokussiert. Sie müssen nicht erst darauf eingestellt werden, dass sie ihre Preise verbessern und gute Angebote abgeben müssen, um den Auftrag zu gewinnen. Anders bei der Monopolistenvergabe: Der Zulieferer ist sich seiner Alleinstellung bewusst und mit hoher Wahrscheinlichkeit darauf fokussiert, seine aktuellen Konditionen durchzusetzen. Dem Zulieferer muss die Vergabe also so präsentiert werden, dass er die identifizierten und kommunizierten Konsequenzen wie Wettbewerbsdruck verspürt. Dazu muss die Storyline konkret auf den Verhandlungspartner abgestimmt werden. Das erfordert eine gute Vorbereitung. Dabei sollte sich der Einkauf auch behavioristischer Effekte bedienen, um die Verhandlung in die von ihm gewünschte Richtung zu lenken.

Exkurs: Effekte der Verhaltensökonomie nutzen

Ankereffekt: Dieser besagt, dass Menschen in ihren quantitativen Urteilen, Schätzungen oder Geboten von einem vorgegebenen Vergleichswert oder einer Information beeinflusst werden, ohne dass ihnen dieser Einfluss bewusst ist. Wie groß dieser sein kann, zeigt eine berühmte Studie von Daniel Kahneman zusammen mit Amos Tversky (Tversky und Kahnemann 1974). In einem Experiment sollten Studenten zunächst ein Glücksrad drehen, das entweder bei 10 oder bei 65 stehenblieb. Diese Zahl sollten sie aufschreiben und die Frage beantworten, ob

der Prozentsatz afrikanischer Staaten unter den Mitgliedsstaaten der Vereinten
Nation größer oder kleiner ist als diese notierte Zahl. Danach sollten sie die Frage
beantworten, wie hoch sie den Prozentsatz afrikanischer Staaten in den Vereinten Nationen schätzen. Der mittlere Schätzwert von denjenigen, bei denen das
Glücksrad bei 10 stehenblieb, war 25 %. Die Teilnehmer, bei denen das Rad bei
65 anhielt, schätzten im Durchschnitt den Prozentsatz auf 45 %. Daher auch der
Name Ankereffekt: Die vorher gezeigte Zahl dient als Anker, der unsere Schätzung beeinflusst und in dessen Richtung zieht. (Näher am richtigen Ergebnis liegt
übrigens die niedrigere Schätzung.)

Priming-Effekt: Unter Priming (Englisch für vorbereiten) versteht man einen
ersten Reiz (Prime), der vom menschlichen Gehirn aufgenommen wird. Aus Studien ist bekannt, dass Priming die Interpretation beziehungsweise die Reaktion
auf darauffolgende Reize maßgeblich beeinflusst. Dafür hat die Psychologie auch
eine Erklärung: Der Prime aktiviert ein Assoziationsfeld, mit dem das danach
Folgende in Verbindung gebracht wird. Gedanken, Emotionen und Handlungen
werden nicht kontextlos, gleichsam aus dem Nichts, erzeugt, sondern sie beziehen sich auf das, was vorangegangen ist. Nur ist uns diese Verbindung mit dem
Vorhergehenden oft nicht bewusst. So wurde bei einem bekannten Experiment ein
Teil der Probanden mit positiven Wörtern „geprimt", der andere Teil mit negativen
Wörtern. Die Versuchspersonen gingen davon aus, dass es sich hierbei um einen
Wahrnehmungstest handelte. Im Anschluss daran wurden sie gebeten, an einer
weiteren, von dem ersten Test vermeintlich unabhängigen Studie teilzunehmen.
Hier erhielten sie die Beschreibung einer Person mit dem Namen Donald, deren
Verhalten auf unterschiedliche Art und Weise interpretiert werden konnte. Hierbei
zeigte sich, dass die mit positiven Wörtern geprimten Versuchspersonen eher dazu
tendierten, Donalds Verhalten als „abenteuerlustig" und „selbstsicher" zu interpretieren. Die mit negativen Wörtern geprimten Probanden dagegen neigten dazu,
ihn mit Attributen wie „leichtsinnig" oder sogar „überheblich" zu beschreiben
(Higgins et al. 1977).

Framing-Effekt: Auch hier kommt es darauf an, wie Informationen präsentiert
werden, da dies unsere Entscheidung beeinflusst. So kann eine sachliche Information sprachlich so eingebettet werden, dass dadurch unsere Reaktion gesteuert
wird. Ein einfaches Beispiel: 75-%iges Magerfleisch wird eher gekauft als Fleisch
mit 25 % Fettanteil. Bei einem Experiment von Kahnemann und Tversky erhielten
die Probanden Beschreibungen von Programmen zur medizinischen Behandlung.
Bei den Alternativen A und B stand die Zahl der Überlebenden im Vordergrund,
bei C und D die Zahl der Todesopfer. Das Ergebnis: Die Alternativen A und B

wurden C und D klar vorgezogen, und das, obwohl das Ergebnis exakt das Gleiche war. In welchen Kontext man eine Information setzt, ist also essentiell für die Verarbeitung der Information beim Gegenüber.

Wie lässt sich das nun in eine Verhandlung übertragen? Wenn beispielsweise das Ziel ist, den Preis um 7 % zu drücken, kündigt man ein Sparziel von 15 % an. Wenn man sich am Ende bei 8 % einigt, ist der Agent bei erfolgreicher Kommunikation zufrieden, schließlich hatte er die 15 % im Kopf und im Vergleich dazu 7 % gewonnen. Und der Einkäufer hat mit 8 % sogar sein ursprüngliches Ziel übertroffen. Ein Erfolg also für beide Seiten mit Hilfe von verhaltensökonomischen Effekten. Man sollte sich bewusst sein, dass diese Effekte nicht nur in sehr abstrakten Situationen funktionieren, sondern durchaus auch in der Praxis.

Erwähnenswert bei diesem Beispiel ist, dass man von einem hohen Startwert gleich doppelt profitiert. Auf der einen Seite durch den beschriebenen Ankereffekt, man hat sein eigentliches Ziel in den richtigen Kontext gerückt. Auf der anderen Seite erweist man mit einem hohen Startwert der Gegenseite sogar einen Gefallen. Genauer gesagt: dem Agenten der Gegenseite. Nehmen wir an, man startet mit 8 % und lässt sich vom Vertriebler auf 7 % drücken. In diesem Szenario gewinnt er lediglich 1 %. Mit welchem Ergebnis wird er wohl lieber zu seinem Chef gehen? Dass er es von 15 auf 8 % geschafft hat oder von 8 auf 7 %? Es ist also wichtig, die Anreize der Gegenseite zu verstehen und darauf einzugehen. Man verhandelt immer mit einem Menschen und dieser Mensch verfolgt eigene Ziele.

Sunk Cost Fallacy: Dieser Effekt ist im Wirtschaftsleben häufig zu finden (Mankiw 2009). Er beschreibt die Tendenz, ein Vorhaben fortzusetzen, wenn bereits eine Investition getätigt wurde und Kosten entstanden sind. In einem berühmten Experiment sollten Probanden ein Ticket für einen Skitrip nach Michigan für 100 Dollar kaufen. Aber dann erhielten sie die Information, dass es einen attraktiveren Skitrip in Wisconsin gibt für 50 Dollar und sollten dafür auch ein Ticket kaufen. Danach wurde den Probanden gesagt, dass die Trips sich überschneiden, die Tickets konnten aber nicht rückerstattet werden. Daraufhin wurden die Teilnehmer gefragt, ob sie lieber an dem teureren Michigan-Trip oder an dem attraktiveren Wisconsin-Trip teilnehmen würden. Mehr als die Hälfte entschied sich für den teureren anstatt des attraktiveren Trips (Arke und Blumer 1985). Die Sunk Costs müssen dabei nicht unbedingt Geld sein, auch Opportunitätskosten wie Zeit oder Anstrengung (Energie) können hier ins Gewicht fallen. Dieser Effekt zeigt sich ebenfalls bei Verhandlungen: Denn diese finden auf einer Zeitschiene in mehreren Schritten statt, was Kosten im obigen Sinn bei der Gegenseite erzeugt. Natürlich sind diese Schritte nicht in den Verhandlungsprozess eingefügt worden, um diese Sunk Cost Fallacy auszunutzen. Allerdings besteht dieser charmante Zusatzeffekt, dessen man sich bewusst sein sollte, wenn man die Anzahl der Verhandlungsrunden festlegt.

Endowment-Effekt: Dieser spielt in den Verhandlungen bei der Wahl der kommunizierten Konsequenzen eine Rolle. Er besagt, dass Menschen ungern etwas verlieren, das sie bereits besitzen (Kahneman et al. 1991).[4] In Experimenten wurden zwei Gruppen gebildet, eine davon erhielt Kaffeebecher geschenkt, die andere nicht. Fragte man die Probanden, was ihnen der Kaffeebecher wert sei, gingen die Wertschätzungen der beiden Gruppen sehr weit auseinander: Die Gruppe mit den Bechern verlangte im Schnitt den doppelten Betrag, für den sie bereit war, sich vom Becher zu trennen, als die Gruppe ohne Becher bereit war, für den Becher zu zahlen. Deshalb spricht man ganz allgemein auch von Verlustaversion, ein Effekt, der sich in sehr vielen verschiedenen Kontexten bestätigte. Er konnte auch schon im Zusammenhang mit Verhandlungen nachgewiesen werden. In einer Untersuchung von mehr als 17.000 Verhandlungen fand man heraus, dass ein Zulieferer einen besseren Preis anbot unter dem Eindruck, dass er gute Chancen hat den Auftrag zu gewinnen, als wenn das nicht der Fall war (Bramsen 2008). Der Zulieferer empfand sich also fast schon als beauftragt („endowed") und wollte eben diese Beauftragung nicht mehr verlieren. Bei bilateralen Verhandlungen bedeutet das: Konsequenzen, die der Gegenseite etwas wegnehmen, was sie schon besitzt, sind häufig deutlich effektiver als der Gegenseite Zugeständnisse zu machen. Dessen sollte man sich bei der Planung des Timings bewusst sein.

Fazit
Bei bilateralen Verhandlungen kommt es im Unterschied zur Wettbewerbssituation darauf an, Antrieb und Motive des Gegenübers gut zu verstehen und Anreize für eine Storyline zu entwickeln. Bei den Anreizen spielen auch verhaltensökonomische Effekte eine wichtige Rolle. Diese sollten genutzt werden, um das Vorgehen konkret zu planen und einen dosierten Informationsfluss zu schaffen. Hilfreich ist es, diese Elemente in einer Verhandlungsroadmap zu bündeln.

3.6   Storytelling und Verhandlungsroadmap

Bevor der Einkäufer die Verhandlung beginnt, sollte er sich Gedanken über eine Storyline machen und wie er sie präsentiert, also über das Storytelling. Das Ziel:

---

[4] Kahneman und sein Co-Autor Richard Thaler erhielten für ihre Forschungen den Wirtschaftsnobelpreis.

einen Spannungsbogen so über alle Phasen der Verhandlung aufzubauen, dass am Ende das bestmögliche Ergebnis herauskommt. Denn bei einer bilateralen Verhandlung ist die Kommunikation essentiell. Nur mit Druck oder nur mit Charme in die Verhandlung zu gehen, ist in der Regel nicht zielführend, besser ist eine strukturierte Mischung aus beidem und einer klaren Strategie, wie die Message möglichst effektiv an die Gegenseite herangebracht werden kann.

Den Informationsfluss richtig dosieren
Der gezielte Einsatz von Informationen spielt im Ablauf von Verhandlungen eine ganz entscheidende Rolle. Das ist prinzipiell nicht anders als im Wettbewerbsfall. Jedoch unterscheidet sich die Art der Informationen. Während es in der Kommunikation mit mehreren Bietern um Hinweise geht über die Anzahl der Bieter, den aktuellen Rang während der Vergabe oder ob und wann einer ausgeschieden ist, stehen bei der Monopolisten-Verhandlung andere Fragen im Vordergrund. So kann die Information über das Verhandlungsmandat ein differenziert anzuwendendes Signal sein: Es kann rein verbal erfolgen, in schriftlicher Form vorgelegt oder über die Implementierung einer Konsequenz demonstriert werden. In jedem Fall muss der Einkäufer auf den Unterhändler des Zulieferers eingehen und eruieren, ob dieser von der Ernsthaftigkeit der angedrohten Konsequenzen überzeugt ist oder ob man eine Stufe höher schalten muss. Genauso gilt es bei der Präsentation der Forderungen abzuwägen: Wann wird das Gesamtpaket an Forderungen präsentiert? Und soll das häppchenweise geschehen oder bereits in Gänze am Anfang? Das hängt davon ab, wie aggressiv die eigenen Forderungen sind. Wenn die eigenen Forderungen sehr hoch und umfangreich sind, kann es von Vorteil sein, diese in mehreren Teilen zu vermitteln. Im Folgenden zeigen wir, wie man ein solches Storytelling strukturieren kann. Dieses ist natürlich nicht in Stein gemeißelt, allerdings hat sich diese Struktur in groben Zügen in unserer Praxis in den vergangenen Jahren bewährt.

Aufbau eines Spannungsbogens für die Verhandlung
Als erstes sollte eine genaue zeitliche Abfolge festgelegt werden, also wie viele Verhandlungsrunden es gibt, wann welche Information fließt, wie man Reaktionen der Gegenseite beantwortet. Jede Verhandlungsrunde muss dabei ein klares Ziel haben, wie z. B. die Akquise von Informationen, umgekehrt die Kommunikation von Informationen oder das Fordern einer Angebotsverbesserung. So lässt sich ein Spannungsbogen vom Anfang bis zum Ende der Verhandlungen aufbauen, was für den beabsichtigten Druck auf die Gegenseite sorgt. Auch das Ende der

Verhandlungen wird festgelegt und kommuniziert. Das ergibt einen Trade-off zwischen dem sogenannten Last-Round-Effekt und der Unsicherheit über die Dauer der Verhandlung.

Unter dem Last-Round-Effekt versteht man bei Verfahren, die über mehrere Runden gehen, folgendes Verhalten: Man braucht bei der letzten Runde nicht mehr „nett" zu dem Gegenüber zu sein, damit dieser sich reziprok ebenfalls nett verhält. In der letzten Runde kann man also das Maximum für sich selbst herausschlagen, denn danach ist die Interaktion ohnehin beendet. Bei der Verhandlung mit einem Monopolisten ist dieser Effekt umgekehrt zu interpretieren: Für ihn lohnt es sich nicht, mit allen Rabatten vor der letzten Verhandlungsrunde rauszurücken, ein potenzieller Zulieferer wird sich immer einen Teil bis zum Schluss aufbewahren wollen. Wenn er nun nicht weiß, wann das Ende der Verhandlungsrunden erreicht ist, müsste er aus spieltheoretischer Sicht diese Unsicherheit einpreisen (Benoit und Krishna 1985). Er würde also nie seine maximalen Zugeständnisse anbieten, da er nie weiß, ob nicht noch eine Runde kommt, in der man von ihm eine Verbesserung verlangt.

Also wird ein geschickter Zulieferer immer etwas zurückhalten. Außerdem muss man sich bewusstmachen, dass es in dieser Verhandlung zwar eine letzte Runde gibt, es aber sicher nicht die letzte Interaktion zwischen Zulieferer und Einkauf ist. Ein solcher Last-Round-Effekt in einem sich wiederholenden Prozess existiert nur in sehr abgeschwächter Form. Deshalb ist es sinnvoll, von vorneherein Klarheit über die letzte Runde zu schaffen, damit keine Zugeständnisse auf der Strecke bleiben aufgrund der Unsicherheit, ob vielleicht doch noch eine Runde kommt. Hilfreich kann hier sein, bereits vor der ersten Verhandlungsrunde einen klaren Endtermin für die Verhandlung zu setzen. Dieser muss natürlich gut bedacht sein und sollte einen nicht selbst in Bedrängnis bringen. Oft gibt es aber auch „natürliche" Deadlines wie Managementkonferenzen, Jahresabschluss, SOP-Termine, die als Endpunkt fixiert werden können.

Dabei kann es hilfreich sein, einen Szenarienbaum zu erstellen, um zu eruieren, wie der wahrscheinlichste Verlauf der Verhandlung sein wird. Denn um Spannung aufzubauen, sollte man vorher ergründen, wann und wo die Spannung vermutlich entsteht und der Zulieferer abblocken wird. Dazu wird im Szenarienbaum jede denkbare Antwort der Gegenseite aufgeführt und eine Gegenantwort durchgespielt. Während der Verhandlung darf es dann keine großen Überraschungen geben. Wird jede Verzweigung einmal durchgespielt, lassen sich klar „Best-Case"- und „Worst-Case"-Szenarien identifizieren und dem Management präsentieren. Das ist notwendig auch für die Ausarbeitung des Verhandlungsmandates. Sind die möglichen Reaktionen der Gegenseite besprochen und das Verhandlungsmandat eingeholt, lässt sich die Verhandlung gezielt steuern und eine Roadmap erstellen.

Das Sechs-Phasen-Modell einer Verhandlungsroadmap
Um die Roadmap so strukturiert wie möglich zu erarbeiten, nutzen wir oft ein
Sechs-Phasen-Modell (Abb. 3.5), um einen Spannungsbogen über den gesamten Verhandlungsprozess aufzubauen und eine für die jeweilige Phase richtige
Dosierung aus Druck und Kooperation zu entwickeln. Das bedeutet nicht zwingend, dass wir insgesamt nur sechs Verhandlungsrunden durchführen. Vielmehr
lässt sich mit diesem Modell ganz grundsätzlich ein Spannungsbogen planen und
die Ideen für die Verhandlung sortieren. Das Storytelling muss für jedes Projekt
spezifisch festgelegt werden, abhängig vom Kontext der Verhandlung.

Phase 1: Verbindlichkeit und Verhandlungsmandat
Diese Phase nutzen wir einerseits als interne Phase. Konsequenzen, Forderungen
und Tradables werden im Voraus mit dem Einkaufsteam crossfunktional bestimmt
und das dazugehörige Mandat vom Management wird eingeholt. In dem Schritt
erfolgt auch die Freigabe für die Storyline und eventuelle Anker. Außerdem
werden dem Lieferanten die verhandelnden Personen sowie das (externe) Verhandlungsmandat vorgestellt. Letzteres schafft die nötige Verbindlichkeit analog
zum Commitment der Wettbewerbsvergabe.

Phase 2: Kommunikation der Anker und Konsequenzen
Ein oder mehrere Anker werden erstmals an den Zulieferer kommuniziert. Wie
wir gesehen haben, sollten die Anker nicht zu niedrig bemessen sein, so dass hier

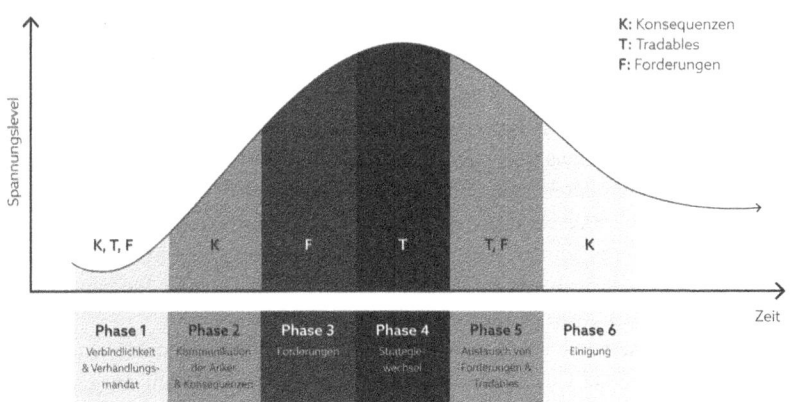

Abb. 3.5 Das Sechs-Phasen-Modell einer Verhandlungsroadmap

erste Spannungen zu erwarten sind. Dieser Anker kann durchaus überraschend, „hart" im Ausmaß der Forderungen oder im Preis für den Zulieferer sein, um für den gewünschten Effekt zu sorgen. Des Weiteren werden die Konsequenzen kommuniziert, wobei bereits eine in Kraft gesetzt werden kann, um das Commitment zu demonstrieren und die Spannung weiter zu steigern. Dies kann auch als nachgelagerte Kommunikation geschehen und muss verhandlungstaktisch je nach Situation abgewogen werden.

Damit spürt der Zulieferer in dieser Verhandlung zum ersten Mal, was es bedeutet, wenn er nicht auf den Aufraggeber zugeht. Er sieht, dass die im Verhandlungsmandat genannte Konsequenz auch tatsächlich eintritt. Abschließend wird das externe Verhandlungsmandat an den Zulieferer kommuniziert. Das ist für ihn dann der letzte Hinweis, dass es in dieser Verhandlung strukturiert zugehen wird und er auf die Forderungen eingehen muss. Spätestens jetzt muss der Lieferant erkennen, dass seine Erwartungen an den Ablauf der Verhandlung nicht eingetreten sind. Vielleicht kennt er solche strukturierten Prozesse von Wettbewerbsverhandlungen, aber Konzepte wie ein Verhandlungsmandat in einer bilateralen Verhandlung dürfte den meisten unbekannt sein. Deshalb ist es sinnvoll, dem Gegenüber etwas Zeit zwischen den einzelnen Schritten zu lassen. Es geht nicht darum, einen Lieferanten durch Zeitdruck in die Ecke zu drängen, dies ist nur selten von Erfolg gekrönt. Vielmehr geht es darum, über die identifizierten Hebel die Verhandlung zu lenken, und das funktioniert nur, wenn der Lieferant die Hebel auch versteht.

Phase 3: Kommunikation der Forderungen
Die Forderungen werden an den Zulieferer kommuniziert. Wichtig ist es, bereits in der sehr frühen Phase des Prozesses möglichst viele Forderungen zu platzieren, um die Spannung weiter zu erhöhen und Schritt für Schritt sich im Anschluss daran zu einer Einigung zu bewegen. Werden nicht alle Forderungen am Anfang platziert, ist es sehr unwahrscheinlich, dass man weitere Forderungen im fortgeschrittenen Stadium der Verhandlung gewinnbringend durchsetzen kann. Auf der anderen Seite wird in dieser Phase auch deutlich, was der Zulieferer erreichen will und welche Forderungen den meisten Widerstand bei ihm hervorrufen. Hat man das in einem Szenarienbaum in Voraus simuliert, sollte es hier für gewöhnlich kaum zu Überraschungen kommen.

In dieser Phase kann vom Einkauf durchaus erst einmal geblockt werden, um Informationen von der Gegenseite zu bekommen. Hat der Lieferant den Eindruck, als würde er so nicht weiterkommen? Wird er preisgeben, was genau er erreichen will oder welche Alternativen für ihn wertvoll sind? Außerdem können jetzt auch schon erste Tradables kommuniziert, aber nicht umgesetzt, werden, frei nach dem

Motto: nicht nur Peitsche, sondern auch Zuckerbrot. Wichtig ist, in der ersten Phase nicht schon zu kooperativ zu agieren, um die Spannung aufrechtzuhalten und nicht schon alle Tradables am Anfang auf den Tisch zu legen. Der Lieferant sollte erkennen, dass er auch etwas gewinnen kann. Für den Vertriebler heißt das, dass er etwas erreichen kann, mit dem er vielleicht bei seinem Chef glänzen kann. Wenn der Zulieferer an speziellen Punkten großen Gegendruck macht, sollte man dieser Verhandlungsoption große Beachtung im späteren Prozess schenken. Es sollte hier immer an die dargestellten Konsequenzen verwiesen werden und an das starre Regelwerk, innerhalb dessen sich die Verhandlung bewegen kann.

Phase 4: Strategiewechsel
In dieser Phase geht der Einkäufer wieder auf den Zulieferer zu, um einen Weg aus der Verhandlungssackgasse zu finden. Hier können identifizierte Tradables nützlich sein. Ist der Zulieferer von der Ernsthaftigkeit der angedrohten Konsequenzen überzeugt, kommt es nun darauf an zu ergründen, mit welchen Optionen die Unterhändler des Zulieferers auch als Gewinner aus der Verhandlung gehen können.

Phase 5: Austausch
Nachdem klargeworden ist, welche Ziele der Zulieferer hat und was ihm wichtig ist, können die erwähnten Tradables nach und nach eingetauscht werden, um die eigenen Forderungen durchzusetzen. So nähert man sich schrittweise an und beide Seiten gewinnen etwas. Hier sollte vom Einkauf stets das Tit-for-tat-Prinzip angewandt werden. Tradables sollten immer nur dann eingetauscht werden, wenn man hierfür ein anderes Zugeständnis vom Verhandlungspartner bekommt und dieses wertvoller für einen selbst ist als das eingetauschte Tradable. Deshalb ist es so entscheidend, dass alle Optionen im Vorfeld stringent bewertet worden sind.

Phase 6: Einigung
Nach dem Austausch der Tradables kommt es im Idealfall zu einer für beide Seiten zufriedenstellenden Einigung. Diese darf aber in keinem Fall außerhalb des vorab definierten Rahmens des Verhandlungsmandats liegen.
  Bei aller Planung sollte man ein Tool nicht vergessen: *den Walk-away,* also die Möglichkeit, die Verhandlung jederzeit unterbrechen zu können, sollte es nicht mehr weitergehen. Wir beobachten häufig den Fehler, dass die Verhandlungsführer beider Seiten das Gefühl haben, in jedem Meeting müsse es ein Ergebnis geben. Dabei sind Walk-aways durchaus möglich, sie sollten als Signale genutzt werden. Ein solcher Walk-away kann beispielsweise auch vorher kommunizierte

Konsequenzen triggern: Etwa eine vom Management abgesegnete Pressemitteilung, sollte der Lieferant in der Verhandlung mauern. Hier erkennt man wieder die Wichtigkeit des Verhandlungsmandates: Wann darf das eigene Team die Verhandlung, notfalls ohne Einigung, verlassen? Damit muss natürlich nicht automatisch das Ende der Verhandlung verbunden sein: Oft reicht es, dass die Gegenseite merkt, die Drohung mit dem Abbruch der Verhandlung ist real.

Fazit

Bei der Monopolisten-Verhandlung gibt es also durchaus Gemeinsamkeiten mit der Wettbewerbsverhandlung, aber auch wesentliche Unterschiede (siehe Abb. 3.4).

Durch die Einteilung der Verhandlung in Phasen kann ein Spannungsbogen aufgebaut und somit strukturiert verhandelt werden. Das ermöglicht einen genau auf die jeweilige Verhandlungssituation abgestimmten Einsatz von Informationen, um sich schrittweise dem Verhandlungsziel anzunähern. Dieser Spannungsbogen lässt sich durch eine Verteilung auf unterschiedliche Rollen im Verhandlungsteam noch intensivieren (Tab. 3.1).

3.7   Rollenverteilung in der Verhandlung

Um die Glaubwürdigkeit der angedrohten Konsequenzen und die Wirkung der eingesetzten Informationen zu steigern, ist es sinnvoll, in die Verhandlungen mit verteilten Rollen zu gehen. Diese Aufteilung ist wiederum nur als ein mögliches Beispiel zu verstehen. Nicht jede Verhandlung benötigt alle Rollen, aber es lohnt sich, das Konzept daraufhin zu prüfen, welche Rollen für die Verhandlung wichtig sein können. Diese Rollenverteilung hilft einerseits dem Team, damit sich keiner während der Verhandlung auf einmal anders verhalten muss, aber auch dem Zulieferer: Er weiß, mit wem er was besprechen kann und wer welche Entscheidung treffen wird. Vier verschiedene Rollen haben sich in der Praxis als nützlich erwiesen:

Der Maker: Er hat die Rolle des Verhandlungsführers. Er übernimmt die Einleitung der Verhandlung, die Ausarbeitung der Storyline und die Kommunikation der Ziele sowie die E-Mail/Telefon-Kommunikation. Er sollte dabei stets neutral und sachlich im Ton sowie in der Wortwahl bleiben, was ihm immer dann einen Ausweg lässt, wenn die Verhandlung in eine Sackgasse gerät. Er kann dann sachlich auf den Zulieferer zugehen und das Gespräch wiederaufnehmen. Er ist explizit kein Entscheidungsträger, seine Rhetorik sollte immer in Richtung Nachfragen und Absichern durch die Geschäftsführung gehen. Die Position des

Tab. 3.1 Unterschiede und Parallelen zwischen Wettbewerbs- und Monopolisten-Verhandlung

	Wettbewerbsvergabe	Monopolistenvergabe
Alternativen bei der Vergabe	Alle Bieter, die an der Verhandlung teilnehmen	Alle Konsequenzen, die bei einem nicht zufriedenstellenden Ergebnis eingeleitet werden
Commitment/Verbindlichkeit	1. Freigabe des Auktionsdesigns durch Entscheider 2. Abgabe an einen deterministischen Prozess (Verhandlungsdesign) 3. Commitment entsteht durch das Festlegen der Regeln, wie die Auktionsgebote bewertet werden	1. Freigabe des Verhandlungsmandats durch Entscheider 2. Abgabe an den Verhandlungsführer, der die Verhandlung strukturiert durchführt 3. Commitment entsteht durch Verhandlungsmandat und dem daraus verbindlich abgeleiteten Umsetzungsplan der Konsequenzen
Vergleichbarkeit und Projektwert	1. Vergleichbarkeit zwischen den Lieferanten durch eine Scoring-Regel inklusive Bonus/Malus 2. Vergleichbarkeit zwischen möglichen Allokationen (z. B. Single-Source vs. Multi-Source)	1. Vergleichbarkeit zwischen den Verhandlungsoptionen durch eine Scoring-Regel inklusive Bonus/Malus 2. Kreativer Prozess, bei dem man sich in die Lage des Zulieferers versetzen muss, um mögliche ZOPAs zu berechnen
Kommunikation	1. Design wird anfangs bei der Lieferantenkommunikation vorgestellt, am Ablauf der Auktion ist dann nichts mehr zu verhandeln 2. Die Sprache ist der Indikativ, die Regeln stehen fest und können nicht mehr beeinflusst werden	1. Konsequenzen und Tradables werden während der Verhandlung kommuniziert, so dass ein Spannungsbogen entsteht 2. Die Sprache ist häufig im Konjunktiv. „Wenn wir zu einer Einigung kommen sollten, dann würde dieses oder jenes Tradable eingesetzt werden."

Makers sollte von einem erfahrenen Verhandler übernommen werden, der aber nicht unbedingt mit dem Materialfeld oder dem Verhandlungsgegenstand vertraut sein muss.

Der Mediator: Er übernimmt die Vogelperspektive. Seine Aufgabe besteht darin, den Fortschritt der Verhandlung in Relation zum eigenen Ziel im Auge zu behalten. Er redet dementsprechend weniger als der Maker. Aber er unterstützt relevante Forderungen oder Informationen mit Nachdruck und führt auf das eigentliche Thema zurück, sollte die Diskussion abschweifen. Diese Rolle kann der zuständige Einkäufer, der Einkaufsleiter oder auch ein Consultant übernehmen. Es ist wichtig, dass die Person einen guten Draht zum Verhandlungspartner hat oder aufbauen kann.

Der Supporter: Er hat die Aufgabe, die Argumentationslinie des Makers durch Expertenwissen oder zusätzliche Begründungen zu unterstützen. Er springt nur dann ein, wenn die andere Seite mit nicht stichhaltigen Argumenten operiert oder die Position der eigenen Seite argumentativ gestärkt werden muss. Wichtig ist jedoch, dass im Vorhinein klar definiert wird, dass man nur tiefer ins Detail geht, wenn es hilfreich ist. Wie oben erwähnt, dient die Verhandlung ja gerade nicht dazu, sich in endlosen Argumentationsschleifen unterstützt durch Expertenwissen zu verstricken. Der Supporter schreibt außerdem die Verhandlungsnotizen. Dabei achtet er insbesondere auf Aussagen, die in späteren Verhandlungsrunden genutzt werden können. Geeignet für diese Rolle sind Experten etwa aus dem Qualitätsmanagements, des Supply Chain Managements, der Produktion oder auch der Hausjurist.

Der Joker: Er sollte aus dem höheren Management kommen. Er ist derjenige, der Nachrichten glaubhaft überbringen kann. In der Verhandlung ist er ein unerwarteter, kurzzeitiger Gast, der den Druck erhöht und der wichtige Informationen unterbreitet, wie zum Beispiel aktuelle Produktionsergebnisse, Forecasts oder auch die Erwartungshaltung des Managements. Vorrangig ist hier der psychologische Effekt: Der Lieferant fühlt sich ernstgenommen, er sieht aber auch, dass die Forderungen auch vom Top Management getragen werden. Auf den Joker kann der Maker auch jederzeit verweisen: „Das kann ich nicht entscheiden, dazu muss ich das Management befragen." Der Einsatz des Jokers ist häufig ein starkes Mittel, um unerwünschte Spannungen im Verhandlungsraum aufzubrechen. Auch hier ist es wichtig, im Vorfeld klar die Rolle des Jokers zu definieren. Dieser darf auf keinen Fall die Autorität des Makers untergraben. Er sollte unterstützend agieren.

Fazit

Diese strukturierte Rollenverteilung macht die Verhandlung für den Zulieferer berechenbarer: Er weiß, mit wem er sprechen kann und wem er zuhören muss. Er braucht sich nicht ständig zu überlegen, wie die Gegenseite „heute tickt". Das ermöglicht ihm, sich auf den Vergabeprozess statt auf psychologische Tricks zu konzentrieren.

3.8 Sonderfall: Bilaterale Verhandlungen mit Alternativen

Obwohl prinzipiell mehrere Anbieter zur Verfügung stehen, wünschen Kunden manchmal keine Wettbewerbsvergabe, sondern gesonderte Einzelverhandlungen mit den potenziellen Zulieferern. Das nennen wir bilaterale Verhandlungen mit Alternativen. Dafür kann es mehrere Gründe geben. Zum Beispiel kann es sein, dass kurzfristig nur sehr wenig Shiftability zwischen den Zulieferern möglich ist und somit eine Wettbewerbsvergabe schwierig wird. Die geringe Shiftability kann durch Werkzeugkosten oder Patente entstehen. In diesem Fall ist man im Prinzip einem Monopolisten ausgesetzt. Dann gilt es die gleichen Schritte wie in den letzten Kapiteln einzuleiten. Auch können Stakeholder befürchten, durch eine klassische Wettbewerbsvergabe die guten Beziehungen zu einem oder mehreren Lieferanten zu gefährden. Oft wurde über Jahre eine fast schon persönliche Beziehung zu einem Lieferanten aufgebaut und so ist in Teilen eine gegenseitige Abhängigkeit entstanden.

Dass eine Suche nach Alternativen die Stimmung kippen könnte – diese Sorge mag zwar berechtigt erscheinen, allerdings sollte man sich gut überlegen, bis zu welchem Preis man bereit ist, diese Sonderbehandlung weiter zu pflegen. Manchmal kann es aber auch sein, dass der Preis bei der Vergabe eine eher untergeordnete Rolle spielt und die Konditionen um das Gut herum wichtigere Elemente der Verhandlungen sind. Das können Vertragsprämissen wie Rücknahmegarantien oder Margengarantien sein, die bei einer Bonus-Malus-Bewertung den Preis in den Schatten stellen würden, was oft in der Textil- oder Medienbranche vorkommt.

Zwar lohnt sich eine Wettbewerbsvergabe fast immer, wenn mehrere Anbieter vorhanden sind. Aber in den Fällen, in denen dies unerwünscht ist, kommt es umso mehr darauf an, richtig zu verhandeln. Bei solchen bilateralen Verhandlungen mit Alternativen suchen wir einen Weg zwischen der Wettbewerbsvergabe und der Verhandlung mit einem Monopolisten. Im Unterschied zur Wettbewerbsvergabe hängen dann die Angebote an einen Lieferanten nicht direkt von den Angeboten der anderen Lieferanten ab. Auch werden die Pakete meist so geschnürt, dass sie in dieser Form vergeben werden können. Sollen beispielsweise zwei Lieferanten fixe Shares erhalten, dann müssen diese so gewählt werden, dass es nicht zu Überschneidungen kommt, sollten beide akzeptieren. Damit sind nicht nur Mengenanteile gemeint, also beispielsweise 70 % zu 30 %. Auch beim Bündeln muss darauf geachtet werden, dass kein Teil doppelt vergeben wird. Das hört sich banal an, ist bei komplexen Projekten aber durchaus nicht trivial.

Marktanalyse, Konsequenzen und Differenzierung von Forderungen und Tradables

Der erste Schritt ist wie immer die Marktanalyse. Dann gilt es, die Angebote der verschiedenen Zulieferer so vergleichbar wie möglich zu machen. Schließlich sind die Konsequenzen sowie die Forderungen und Tradables wie bei der Monopolistenvergabe zu identifizieren. Die Androhung von Konsequenzen hat hier sogar deutlich mehr Biss als beim Monopolisten: Denn die schärfste Konsequenz ist die Drohung mit Wettbewerb, auch wenn es nicht gewünscht ist, das gesamte Drohpotential einzusetzen. Geht es nicht voran in den Verhandlungen, schwebt die Drohung mit im Raum, dass beim nächsten Mal eine echte Wettbewerbsvergabe droht.

Verhandlungsmandat und Kommunikation

Sind die Vorbereitungen abgeschlossen, ist der nächste Schritt die Erteilung des Verhandlungsmandats. Dabei müssen, wie bei der Monopolistenvergabe, alle Punkte vom Top Management abgesegnet werden, auch der mögliche Wechsel hin zu einer Wettbewerbsvergabe. So muss beispielsweise festgelegt sein, wann das Verhandlungsteam welche Konsequenzen zieht oder wann es die Verhandlungen unterbrechen darf.

Die Kommunikation mit den Lieferanten verläuft ebenfalls ähnlich wie bei der Monopolistenvergabe. Dabei geht es aber eher darum, Anreize für die Gegenseite zu setzen, als eine Situation mit möglichst viel Wettbewerbsdruck zu erzeugen. Diese Anreize können beispielsweise darin bestehen, dass der Auftraggeber einen Partner für eine strategische Partnerschaft sucht und dem Lieferanten einen großen Block des Gesamtauftrages gibt, wenn er auf die Forderungen des Einkaufs eingeht. Die Konkurrenz rückt dabei etwas in den Hintergrund: Jeder Lieferant, mit dem gesprochen wird, kann eine dieser strategischen Partnerschaften gewinnen. Wichtig ist, bei diesem anreizoptimierten Verhandlungsdesign zu bleiben und nicht zu versuchen, mit emotionalen Argumenten Rabatte oder bessere Konditionen zu erhaschen.

Wenn es bei diesen Verhandlungen eher um Konditionen als Preise geht, hat der Einkäufer einen Vorteil: Er hat genügend Zeit, Angebotsänderungen zu bewerten, bis man sich das nächste Mal trifft. (Anders als bei einer Wettbewerbsvergabe, wenn die an einem Tag stattfinden soll.) Auch dem Anbieter müsste dann nach der Lieferantenkommunikation mehr Zeit eingeräumt werden, damit er die angebotenen Prämissendetails verarbeiten und bewerten kann. Das heißt, hier drängt sich ohnehin ein Prozess ähnlich wie bei der Monopolisten-Verhandlung auf.

Nachteile
Es gibt aber auch einige Nachteile. Der größte ist, dass im Vergleich zur Wettbewerbsvergabe potenzieller Preisdruck verschenkt wird. Während beispielsweise eine gut designte Auktion den Wettbewerb optimal ausnutzt, wird dieser bei der bilateralen Verhandlung mit Alternativen nur als Konsequenz angedroht. Das Commitment zum Wettbewerb fehlt. Der Einkäufer hat die Aufgabe, selbst aktiv die besten Preise und/oder Konditionen finden zu müssen statt die passive Rolle eines Schiedsrichters während der Wettbewerbsvergabe zu spielen. Das bedeutet mehr Arbeit für den Verhandler, ohne dass dies eigentlich notwendig wäre.

Weiterhin besteht, wie beim Monopolisten, die Gefahr, dass Zulieferer versuchen, den Prozess auszuhebeln. So könnte einer eine Verbindung ins Top Management suchen, um die Verhandlung zu umgehen. Und je mehr Zulieferer das versuchen, desto misstrauischer könnte das Management werden, insbesondere wenn die Lieferanten bewusst den Vergabeprozess schlecht reden. Hier muss sich der Einkauf im Vorfeld gut über mögliche Verbindungen von Stakeholdern auf beiden Seiten informieren. Anders als bei der noch klarer zu strukturierenden Wettbewerbsvergabe muss er sich bewusst sein, dass er in diesem Fall zur Zielscheibe oder zum gemeinsamen Gegner mehrerer Parteien werden kann.

Auch die lange Vorbereitungs- und Durchführungszeit ist nachteilig. Während die Wettbewerbsvergabe nach der Analyse, dem Design des Vergabemechanismus und der Kommunikation mit den Zulieferern fast schon das Ziel erreicht hat, geht es hier erst los: Zahlreiche Meetings sind nötig, um zu kommunizieren, um Forderungen und Konsequenzen zu präsentieren sowie die Konditionen und den Preis am Ende auszuhandeln.

Fazit
Bei bilateralen Verhandlungen mit Alternativen suchen wir einen Weg zwischen Wettbewerbs- und Monopolistenvergabe. Die Androhung von Konsequenzen hat hier zwar mehr Biss, da als letzte Konsequenz auch eine Wettbewerbsvergabe möglich ist. Im Unterschied dazu wird jedoch Preissenkungspotenzial verschenkt.

3.9   Fallstudie: Verhandlung mit einem Monopolisten im Transportsektor

In diesem Fall ging es um einen Konflikt zwischen einem Transportunternehmen und einem Lieferanten, zwischen denen schon seit 20 Jahren eine Geschäfts-beziehung bestand. Der bisherige Verhandlungsmodus sah alle drei Jahre eine Verlängerung des Rahmenvertrages mit jährlich gültigen Preisvereinbarungen vor. In diesem Jahr plante das Transportunternehmen den Kauf von Ersatzteilen für Verbrennungsmotoren im Volumen von circa 15 Mio. EUR, davon 80 % für Neu-teile und 20 % für Aufarbeitungen. Das Ganze verteilte sich auf einige Tausend Materialnummern in zahlreichen Warengruppen. Die jährliche Erneuerung der Preisvereinbarungen sah bislang eine durchschnittliche Preiserhöhung von drei Prozent vor. In dem Jahr, in dem wir hinzugerufen wurden, hatte der Lieferant jedoch bereits eine sechsprozentige Preiserhöhung für die aktuelle Verhandlungs-runde angekündigt, da die Preisvereinbarung abgelaufen war. Der Rahmenertrag dagegen war noch ein Jahr gültig.

Unsere Analyse
Wie üblich, starteten wir das Projekt mit einer eingehenden Analyse. In einem ersten Schritt untersuchten wir, ob wir es wirklich mit einem Monopolisten zu tun hatten. Ein Anfangsverdacht, dass das nicht unbedingt zutraf, ergab sich aus dem seit einiger Zeit sinkenden Einkaufsvolumen bei diesem Zulieferer. Es war aktuell um circa 15 % im Vergleich zu den Vorjahren zurückgegan-gen. Wir analysierten Materialfelddaten, Umsätze und Bestellungen, Verträge und vieles mehr. Außerdem sprachen wir mit zahlreichen Stakeholdern und erfuh-ren so, dass bereits einzelne Teile an Wettbewerber vergeben und andere Teile unternehmensintern wiederaufbereitet wurden. Allerdings hatte das Unternehmen bisher nichts unternommen, um Druck auf den Zulieferer auszuüben. Wir haben dann noch weitere Schritte durchgeführt, etwa eine Kostenanalyse, bei der Teile auseinandergenommen wurden (sogenanntes Reverse Engineering), um die tat-sächlichen Produktionskosten zu schätzen. Unsere Vermutung bestätigte sich, dass dieser Zulieferer deutlich zu teuer war und dass es möglich sein sollte, selbst für die Teile, bei denen es wenig Wettbewerb gab, günstigere Alternativlieferanten zu finden. So war klar, dass in den Verhandlungen mit diesem Zulieferer die Konsequenz Wettbewerb zumindest auf mittlere Sicht glaubhaft gespielt werden konnte.

Für die Verhandlung galt es ein weiteres Detail zu berücksichtigen: Unser Kunde hatte sich verpflichtet, für jedes Teil, das er beim Zulieferer kaufte und aufarbeiten konnte, ein Pfand zu zahlen. Dieses Pfand betrug zwischen 15 und

30 % des Teilpreises, also ein erheblicher Posten. Der Theorie nach sollte immer dann, wenn eines dieser Teile aufgearbeitet wurde, der Pfandbetrag an unseren Kunden zurückgezahlt werden. Wurde das Teil nicht aufgearbeitet, war das Geld futsch. Soviel zur Theorie, in der Praxis gelebt wurde das System leider nicht. Denn im Unternehmen war nicht überall bekannt, dass dieses Pfand existierte, somit wurden viele Teile verschrottet, sodass auch das geleistete Pfand dahin war. Dazu kam, dass es buchhalterische Probleme gab, die dazu führten, dass eine Verrechnung des Pfands nicht immer möglich war. So waren in den beiden Jahren, bevor wir hinzugezogen wurden, 80 bis 100 % dieser Pfandgelder verloren gegangen. Dass es hier keine Transparenz gab, war zum Teil auch dem Zulieferer anzulasten, der den Prozess undurchsichtig gestaltet hatte und davon natürlich stark profitierte. Diese Transparenz über die zahlreichen Divisionen im Unternehmen herzustellen, war dann auch nicht so leicht und konnte nur durch zahlreiche Interviews mit verschiedenen Stakeholdern erreicht werden.

Unsere Ziele
Unser erstes Ziel war das Abwehren der Preiserhöhungen. Mit den angesprochenen Kostenanalysen sowie der Tatsache, dass Wettbewerb möglich war, gingen wir gestärkt in die Management-Meetings. Wir erarbeiteten Konsequenzen in Richtung Wettbewerb, die wir uns vom Management unterzeichnen ließen, und legten ein Sparziel von circa 15 % fest. Das zweite Ziel war die Abschaffung des Pfandsystems. Für unseren Kunden war das de facto eine weitere Preiserhöhung, denn bei dem aktuellen System wurde das Pfand tatsächlich nur selten zurückerstattet. Aber wir gingen hier noch einen Schritt weiter: Nachdem wir vorgerechnet hatten, welcher Schaden unserem Kunden dadurch in den vergangenen Jahren entstanden war, wurde als Ziel die Zahlung einer Entschädigung formuliert, zusätzlich zur Abschaffung oder buchhalterischen Änderung des Pfandsystems. Unser Weg dahin:

1. Identifikation von Konsequenzen und Verhandlungsoptionen
Um diese Ziele zu erreichen, setzten wir alle Schritte in Gang, die im vorigen Kapitel beschrieben sind. Nach der Analysephase bestand der nächste Schritt also in der Identifikation von Konsequenzen und Verhandlungsoptionen. Die erste Konsequenz war klar: Wettbewerb. Ohnehin hätte sich das Bestellvolumen wegen der eingangs erwähnten vereinzelten Wechsel zu Alternativanbietern weiter reduziert. Wieviel dieser Rückgang betragen würde, sollte vom Verhalten des Zulieferers abhängen. Das wurde in die bereits vorgestellte Ampellogik gebracht: beispielsweise rot für weniger als 5 % Ersparnis, gelb zwischen 5 und 15 %

und grün für mehr als 15 %[5]. Dann sahen die Konsequenzen für den Zulieferer im Detail so aus: Bei einer Preissenkung von weniger als 5 % (rot) wird
eine Wettbewerbsvergabe vorbereitet für das nächste Jahr mit dem Ziel, diesen
Zulieferer fast vollständig zu substituieren. Bei einer Preissenkung zwischen 5
und 15 % (gelb) würde nur ein Teil des Auftragsvolumens kurz- und mittelfristig
ausgeschrieben. Bei mehr als 15 % (grün) würden dann alle Substitutionspläne
ausgesetzt und Aufträge nur noch bei großen Preisunterschieden vereinzelt über
Wettbewerb vergeben werden. Diese Prozentsätze sind natürlich beispielhaft: Von
welchem Prozentsatz an man in den Wettbewerb geht, sollte in jedem Projekt über
einen schlüssigen Business Case bestimmt werden.

Die zweite Konsequenz bestand in einem Mengencommitment. Das ist immer
ein zweischneidiges Schwert: Einerseits lassen sich damit in Verhandlungen gute
Preise erzielen, da sich die Gegenseite sicher sein kann, genügend Aufträge zu
erhalten, um günstigere Preise amortisieren zu können. Andererseits bindet man
sich dann für die Vertragsdauer, hätte vielleicht aber lieber die Flexibilität eines
festen Preises für variable Mengen. Da der aktuelle Vertrag noch ein Jahr lief,
lag es nahe, über ein Mengencommitment Druck aufzubauen. Auch hier legten
wir eine Staffelung in drei Schritten vor: Bei rot, also weniger als 5 % Preissenkung, würde der Lieferant nur einen Einjahresvertrag erhalten ohne jegliches
Mengencommitment. Zwischen 5 und 15 % würde er einen Dreijahresvertrag mit
Mengencommitment auf die Highrunner bekommen. Und bei grün, also mehr als
15 %, wurde ihm ein Fünfjahresvertrag in Aussicht gestellt. Zusätzlich haben
wir noch einige kleinere Konsequenzen entwickelt. Ein Beispiel: Unser Kunde
hatte mit diesem Lieferanten gemeinsame Öffentlichkeitsarbeit gemacht, was de
facto Werbung für diesen bedeutete. Dieser gemeinsame Werbeauftritt sollte in
Zukunft entfallen, würde der Zulieferer bei Preiszugeständnissen von weniger als
5 % bleiben.

2. Einholen des Verhandlungsmandats
Nächster Schritt war das Einholen des Verhandlungsmandates. Da es sich bei
unserem Kunden um ein größeres Unternehmen handelte, gab es etliche Stakeholder, die dafür einbezogen werden mussten. Wir präsentierten ihnen in einem
gemeinsamen Meeting Konsequenzen, Forderungen und Tradables nach der oben
beschriebenen prozentualen Staffelung in Form einer Ampellogik. So hatten wir
schnell Klarheit beim Commitment-Meeting und für den Zulieferer eine klar
verständliche Unterlage.

---

[5] Die Prozentzahlen sind hier beispielhaft eingefügt und müssen projektspezifisch über
Business-Case-Analysen hergeleitet werden.

3. Ausarbeitung einer Storyline

Für die Storyline formulierten wir klare Ziele. Die Potenziale wurden in Business-Case-Logik offengelegt und auch nicht-monetäre Aspekte wie Lieferperformance in Geld umgerechnet. Die Message lautete: Es muss erhebliche Einsparungen geben, als Ziel nannten wir 18 %. Natürlich nutzten wird dabei auch Effekte wie Anchoring und Framing. So hatte die Kostenanalyse bei einem speziellen Teil ergeben, dass der Preis um circa 60 % zu hoch war trotz Einberechnung einer großzügigen Marge und der konservativen Annahme sehr geringer Stückzahlen. Die Kommunikation dieser 60-%-Ziffer und die deutliche Ansprache von Lieferproblemen halfen, die folgenden Verhandlungen in einen für uns nützlichen Kontext zu setzen, um den Mindset des Lieferanten in die Richtung zu verändern: Wir müssen uns verbessern.

4. Vorgehen nach dem Sechs-Phasen-Modell

Um den Spannungsbogen aufzubauen, orientierten wir uns an dem in Abschn. 3.6 vorgestellten Modell. In Phase 1 demonstrierten wir die Verbindlichkeit durch das Verhandlungsmandat, das Unterschriften bis hinauf zum C-Level enthielt. Das machte dem Lieferanten klar, dass es ernst wurde. In Phase 2 fand die Kommunikation der Storyline inklusive des Ankers und der Konsequenzen statt. Ohne in diesem Meeting näher auf die eigenen Forderungen einzugehen, stellten wir die möglichen und abgesegneten Konsequenzen dar und bauten so Spannung auf. Diese fand ihren Höhepunkt in Phase 3, als wir die Forderungen vorstellten: 18 % Ersparnis und Abschaffung oder Änderung des Pfandsystems plus Entschädigung. In diesem Meeting erreichten wir dann auch die „Sackgasse": Der Zulieferer verließ das Meeting ohne Zugeständnis, um die eigenen Möglichkeiten zu eruieren. In Phase 4 wechselten wir die Strategie hin zu einer Zusammenarbeit und stellten Tradables vor, etwa zum Thema „strategische Partnerschaft" und Mengenzugeständnisse. Beides nahm der Lieferant sehr positiv auf und wir besprachen mit ihm, wie man dies erreichen könne. In Phase 5, dem Austausch der Tradables, erreichten wir unser erstes Ziel: Ein transparenteres Pfandsystem. Zudem sollten nun Zahlungen auf Zuliefererseite mit dem ausstehenden Pfand verrechnet werden, sodass unser Kunde damit keinen buchhalterischen Aufwand mehr hätte. Außerdem stimmte er der Zahlung einer Entschädigung für vorangegangene Pfandverluste zu. In Phase 6 kam schließlich die Einigung zustande: eine Preisreduktion im Wert von circa 14 % im Austausch gegen eine weitere, enge Zusammenarbeit mit Mengencommitment.

Fazit
Zusammen mit weiteren Absprachen konnte das Einsparziel von 15 % deutlich übertroffen werden. Dies bestätigt einmal mehr die Regel, wonach der Erfolg im Einkauf zu 80 % von der Vorbereitung und zu 20 % von der eigentlichen Verhandlung abhängt: Nur durch die umfangreichen Vorbereitungen war es möglich gewesen, die Verhandlung so zu framen, dass dem Zulieferer die Botschaft zu hundert Prozent klar wurde: Kommt er bei den Preisen nicht entgegen, wird er 90 bis 100 % des Geschäfts innerhalb der nächste zwei Jahre verlieren. Von uns mussten dafür erhebliche Vorleistungen erbracht werden, um die Ausschlag gebenden Informationen zusammenzutragen. Aber gemessen am Endresultat hat sich die akribische Vorarbeit und die detaillierte Kommunikationsplanung gelohnt. Und auch die klare Ansage: Kein Plädoyer mit soften Begriffen wie Fairness oder Appelle an die gemeinsame Vergangenheit, sondern in Form von alternativen Business Cases.

3.10   Lessons Learned

Wie bei den Wettbewerbsvergaben ist auch das Dokumentieren im Falle einer bilateralen Verhandlung äußerst wichtig. Aufgrund der komplexeren Natur einer solchen Verhandlung ist das vielleicht nicht so strukturiert möglich. Aber hält man sich grob an die Schritte, die wir in Abschn. 2.13 ausgeführt haben, können auch hier wertvolle Informationen für die Zukunft gesammelt werden.

Konsequenzen, Tradables und die Interessen der Gegenseite
Ähnlich wie im Wettbewerbsfall der Lieferantenvergleich über eine Bonus-Malus-Bewertung erfolgt, werden bei bilateralen Verhandlungen die Konsequenzen sowie Tradables für den Business Case vergleichbar gemacht. Diese Informationen sollten für zukünftige Verhandlungen nicht verloren gehen, gerade wenn zu erwarten ist, dass man noch einmal mit demselben Lieferanten verhandeln muss. Aber selbst wenn es nicht derselbe Lieferant ist: Die unternehmenseigene Bewertung der Vertragsprämissen, Spezifikationen und andere Details des Gutes oder der Dienstleistung sind wertvoll und durch teilweise große Zeitinvestitionen entstanden. Diese können auch für zukünftige Verhandlungen eingesetzt werden.

　　Auch die Art der Konsequenzen, die vom Management des eigenen Unternehmens freigeben wurden, können für die nächsten bilateralen Verhandlungen nützlich sein. Sei es zur Inspiration, weil ähnliche Konsequenzen gebraucht werden, sei es, weil damit ein Präzedenzfall geschaffen wurde. Meist vereinfacht das den Überzeugungsprozess beim zweiten Mal deutlich. Schließlich haben wir gesehen, wie wichtig es ist, die Interessen der Gegenseite im Auge zu behalten. Auch diese Informationen sollten zusammengetragen werden. Kommt es zu Nachverhandlungen, können sie schnell wiederverwendet werden.

Verhandlungsmandate und Storyline
Die Verhandlungsmandate und die Form ihrer Präsentation sowie die Storyline, mit der dem Zulieferer die Konsequenzen dargestellt wurden, können sicherlich nicht eins zu eins in der nächsten Verhandlung aufgewärmt werden. Trotzdem können sie dem nächsten Verhandlungsteam helfen. Das fängt bereits bei den erstellten Dokumenten an. Außerdem hilft hier auch ein Lessons-Learned-Dokument: Welche Teile des Storytellings haben gut funktioniert? Konnte ein Spannungsbogen aufgebaut werden? Diese Punkte sind kurz nach der Verhandlung noch sehr präsent. Dass man sich in zwei Jahren noch genauso gut daran erinnern wird, darauf sollte man sich nicht verlassen.

Fazit
Auch bei der bilateralen Verhandlung werden Investitionen getätigt, die nicht verloren gehen sollten. Wenn eine nachhaltige Einkaufsabteilung aufgebaut werden soll, hilft eine genaue Dokumentation der Verhandlungsprozesse enorm.

Literatur

Arke HR, Blumer C (1985) The psychology of sunk cost. Organizational Behavior and Human Decision Processes 35(1):124–140. https://doi.org/10.1016/0749-5978(85)900 49-4. Zugegriffen: 19. Febr. 2021

Benoit JP, Krishna V (1985) Finitely repeated games. Econometrica 53(4):905–922

Bramsen JM (2008) A pseudo-endowment effect in internet auctions. MPRA Paper, Copenhagen 14813

Higgins ET, Rholes WS, Jones CR (1977) Category accessibility and impression formation. J Exp Soc Psychol 13:141–154

Kahneman D, Knetsch JL, Thaler RH (1991) Anomalies: The endowment effect, loss aversion, and status quo bias. Journal of Economic Perspectives 5(1):193–206

Laffont J-J, Tirole J (1993) A theory of incentives in procurement and regulation. MIT Press, Cambridge

Leland HE, Pyle DH (1977) Informational asymmetries, financial structure, and financial intermediation. J Financ. https://doi.org/10.2307/2326770

Mankiw NG (2009) Principles of microeconomics. 5. Aufl. Cengage Learning, Mason, S 296–297

Tagiev R (2015) The economy of internet-based hospitality. arxiv.org/abs/1501.06941. https://doi.org/10.1109/WI-IAT.2015.89. Zugegriffen: 19. Febr. 2021

Tversky A, Kahneman D (1974) Judgment under uncertainty: Heuristics and biases. Science
    185(4157):1124–1131

4

Zusammenfassung

Verhandeln ist Kunst und Handwerk gleichermaßen, Wissenschaft und Praxis. Verhandeln findet in vielen Dimensionen und Anwendungsbereichen statt. Es ist kein in sich geschlossenes System, unveränderbar für alle Zeiten, sondern entwickelt sich mit der Wirklichkeit ständig weiter. Zeit also, dass wir Verhandler uns über die Perspektiven unseres Business austauschen.

4.1 Einige allgemeine Verhaltensregeln

In diesem Buch wurde das Thema Einkaufsverhandlungen eingehend beleuchtet. Dabei haben wir in unserem System of Negotiations zwei prinzipielle Situationen unterschieden: Erstens, was zu tun ist, wenn es Wettbewerb unter den Zulieferern gibt und sich dieser Wettbewerbsdruck nutzen lässt, um ein optimales Ergebnis zu erzielen. Zweitens, wenn es keinen direkten Wettbewerb gibt, sich aber Konsequenzen für den Zulieferer identifizieren lassen für den Fall, dass er nicht kooperiert. Dann treten diese Konsequenzen an die Stelle des Wettbewerbs und sorgen für den nötigen Preisdruck. Wichtig ist in beiden Fällen Commitment: Die Prozesse müssen immer auch in der Management-Ebene abgesegnet werden. Der schönste Einkaufsprozess nützt nichts, wenn die Zulieferer ihn durch Beziehungen in die Führungsebene unterwandern können.

Unabhängig davon, ob es sich um eine Wettbewerbsvergabe oder eine bilaterale Verhandlung handelt, gibt es einige Verhaltensregeln für Verhandlungen, die Sie unbedingt einhalten beziehungsweise vermeiden sollten:

© Der/die Autor(en), exklusiv lizenziert durch Springer Fachmedien
Wiesbaden GmbH, ein Teil von Springer Nature 2021
R. Schumann (Hrsg.), *Verhandeln mit System*,
https://doi.org/10.1007/978-3-658-34055-1_4

Die 11 Dos and Don'ts für die Vorbereitung und Durchführung von Verhandlungen

1. Die drei C's des Verhandelns: **Commitment Commitment Commitment.**
   Kein Verhandlungsdesign dieser Welt hilft, wenn im Unternehmen dazu keine
   Verbindlichkeit existiert.
2. **Vergleichbarkeit herstellen** ist ein Muss bei den Wettbewerbsverhandlungen zwischen den Lieferanten, bei der Verhandlung mit einem Monopolisten, zwischen den Verhandlungsoptionen.
3. **TVO-Betrachtung:** Mit der Vergleichbarkeit geht eine „Total Value of Ownership"-Betrachtung Hand in Hand. Alle relevanten Faktoren, auch qualitative Eigenschaften, müssen in konkrete Geldbeträge quantifiziert werden.
4. Nehmen Sie sich Zeit, dem Gegenüber **das Verhandlungsdesign oder den Verhandlungsprozess** sorgfältig zu **erklären.** Ihre Zulieferer werden die Transparenz und Fairness schätzen. Nachhaltige Verhandlungserfolge haben ihren Ursprung nicht im Vorenthalten von Informationen.
5. **BATNA (Best Alternative to Negotiated Agreement):** Machen Sie sich frühzeitig Gedanken, was die Alternativen zur Zusammenarbeit mit einem Lieferanten sind. Bei Monopolisten-Verhandlungen sollte man auch das BATNA des Gegenübers kennen.
6. **Ungesteuerte Emotionen gehören nicht in die Verhandlung:** Bleiben Sie sachlich und halten Sie sich an den abgesteckten Prozess.
7. Wer in Wettbewerbssituationen noch mit Lieferanten einzelnen verhandelt, verspielt seine Glaubwürdigkeit als Verhandlungsprofi. **Lassen Sie den Wettbewerb für sich arbeiten!**
8. Versuchen Sie nicht, Ihr Gegenüber emotional zu überzeugen. **Nur das Aufzeigen von Fakten verhilft Ihnen zu einem erfolgreichen Abschluss der Verhandlung.**
9. Auch bei Monopolisten-Verhandlungen den **Preis niemals als „gegeben" akzeptieren.** Monopolisten-Verhandlungen bieten häufig die größten Einsparpotenziale.
10. Jedes Meeting muss produktiv sein, aber **lassen Sie sich nicht ungewollt auf Kompromisse ein.** Auch eine gezielte Unterbrechung kann Sie näher zu Ihrem Einsparziel bringen.
11. **Lernen Sie aus vergangenen Verhandlungen:** Die relevanten Informationen systematisch zu dokumentieren ist das A und O für die Weiterentwicklung eines erfolgreichen Verhandlerteams.

Gerade der letzte Punkt, die interne Nachbereitung der Verhandlung, ist sehr wichtig. Bei Wettbewerbsverhandlungen zielt das „Lessons Learned" auf eine erneute Analyse der Marktsituation auf Basis der neuen Informationen aus der Vergabe: Waren die Zulieferer gleichauf? Gab es große Asymmetrien zwischen den finalen Geboten? War schon nach der RfQ klar, wer der Gewinner sein würde? Alle diese Informationen helfen, die nächste Vergabe mit den gleichen Lieferanten oder der gleichen Warengruppe zu gestalten. Aber auch das Vergabedesign selbst kann man noch mal kritisch hinterfragen: Hatte beispielsweise die Vorrunde den gewünschten Effekt? War das Auktionsformat der finalen Vergabe gut gewählt?

Aber auch bei bilateralen Vergaben sollte man danach noch einmal die einzelnen Schritte der Verhandlung Revue passieren lassen und sein Vorgehen infrage stellen. Wurden die Konsequenzen effektiv kommuniziert? Wurden die Tradables richtig eingesetzt? Ist es gelungen, einen echten Spannungsbogen aufzubauen oder konnte man den Zulieferer nie unter Druck setzen? Hier muss analysiert werden, wie man zu dem Ergebnis gekommen ist und, wenn es nicht wie gewünscht gelaufen ist, an welcher Stelle die Roadmap verlassen wurde oder ob sie gar nicht zielführend war. Dabei ist von allen und vor allem Ehrlichkeit gefordert. Hier hilft ein Coach als unabhängiger Dritter, der die „weißen Flecken" systematisch erarbeitet.

Fazit
Egal, ob es darum geht eine strukturierte Wettbewerbsvergabe zu planen oder die Nachverhandlung mit einem Monopolisten anzugehen: Wir haben mit unserem System of Negotiations das richtige Werkzeugset entwickelt, um optimale Ergebnisse zu erreichen. Man sollte bei der Umsetzung aber keinesfalls unsere Liste der Dos und Don'ts vergessen.

4.2   Weitere Anwendungsbereiche des „System of Negotiation"

Wir kommen aus der Theorie und aus der Praxis. Alle in unserem Team haben sich wissenschaftlich mit Spieltheorie und Verhaltensökonomie beschäftigt und in der Praxis Unternehmen bei Verhandlungen entweder beratend zur Seite gestanden oder selbst für sie die Verhandlungen geführt.

Kunden aus allen Branchen
Natürlich wollen unsere Kunden, dass wir unsere Arbeit für sie vertraulich behandeln. Aber so viel können wir doch sagen, dass unsere Kunden aus allen Branchen kommen, von der Grundstoffindustrie über das verarbeitende Gewerbe bis hin zu Dienstleistungen und dem Staat. Manchmal geht es auf den ersten Blick um vielleicht banal erscheinende Produkte wie die Ausstattung eines Konzerns mit neuen Druckern, wofür fünf Anbieter infrage kommen, manchmal aber auch um den Einkauf eines so speziellen Produkts wie Hochgeschwindigkeitszüge, für die es nur einen Anbieter gibt. Wir haben Roboterschweißanlagen verhandelt für die Automobilindustrie, Investitionsgüter für Konzerne und Mittelständler in der Chemie, Produktionsanlagen für die Stahlindustrie. Unser Rat war gefragt bei den Jahresgesprächen zwischen Handel und Markenherstellern, bei Brauereien und öffentlichen Wohnungsbauunternehmen. Es gibt keine Branche, die nicht einkauft und nicht von der Optimierung der Verhandlungen profitieren würde.

Mehr als nur der Preis: holistische Bewertung aller Eigenschaften
Häufig hören wir das Vorurteil, bei Auktionen ginge es nur um den Preis und Eigenschaften wie Produktqualität, Lieferbedingungen oder Spezifikationen blieben auf der Strecke. Das ist nicht richtig. Die holistische Bewertung aller Eigenschaften eines Produktes oder einer Dienstleistung über ein Bonus-/Malus-System ist integraler Bestandteil unseres System of Negotiations. Damit können wir nicht nur Produkteigenschaften oder Logistik bewerten, sondern beispielsweise auch die Nachhaltigkeit. Viele Unternehmen haben mittlerweile Umweltschutz und nachhaltige Produktionsmethoden auf der Agenda. Zudem gewinnt das Thema angesichts der Überlegungen des Gesetzgebers zu Vorgaben für internationale Lieferketten und der Proteste von Klimaschützern vor dem Werkstor und auf Hauptversammlungen an Bedeutung. Auch spielen hier weitere Stakeholder wie etwa die eigenen Mitarbeiter eine Rolle.

Eine umfassende Analyse des Beziehungsfeldes der Verhandlungen ist deshalb notwendig, um alle *drei Aspekte der Nachhaltigkeit (ökonomische, ökologische und soziale)* zu berücksichtigen und einen transparenten Vergleich zwischen den Anbietern herzustellen. Im Sinn eines multioptionalen Verhandelns gilt es also eine Vielzahl von Kriterien zur Entscheidungsfindung zu berücksichtigen, nicht nur die klassischen wie Preis und Qualität, sondern auch Klimaneutralität, Ressourcenschonung oder soziale Mindeststandards. Diese Kriterien werden crossfunktional bewertet, sie fließen schlussendlich in die Bonus-/Malus-Rechnung ein. Der daraus abgeleitete Vergleichspreis kann dann durchaus dazu führen, dass ein besonders umweltfreundlicher Anbieter nominiert wird, selbst wenn er preislich nicht am besten dasteht.

Anwendungen: zum Beispiel bei Mergers & Acquisitions ...

In diesem Buch beschränken wir uns auf Einkaufsverhandlungen. Unser aus Spieltheorie, Verhaltensökonomie und Praxiserfahrung gewonnenes System of Negotiations lässt sich aber auch auf weitere Bereiche anwenden, bei denen Verhandlungen eine zentrale Rolle spielen. Ein aktuelles Beispiel dafür sind *Mergers & Acquisitions (M&A)*. Denn im Zuge der Corona-Krise sind viele Unternehmen in finanzielle Schwierigkeiten geraten. Ein M&A bietet dann oftmals die letzte Möglichkeit, um ein drohendes Insolvenzverfahren abzuwenden. In Krisenzeiten agieren Investoren allerdings zurückhaltend. Am Verhandlungstisch steht ein finanziell angeschlagenes Unternehmen dann mit dem Rücken zur Wand. Es hat nur eine schwache Verhandlungsposition, denn aufgrund der Krise ist die Zahl der interessierten Käufer gering. Zusätzlich machen ihnen vier verhandlungstaktische Besonderheiten zu schaffen:

1. die frühzeitige Reduktion des Wettbewerbes ist im Wesentlichen eine Folge der hohen Kosten der Due Diligence im Zuge des M&A-Prozesses. Denn diese dürften mindestens so hoch sein wie bei der Due Dilligence von IPOs – zwischen 2,5 % (Kaserer und Kraft 2003) und 7,5 % (Ritter 1987) des Transaktionsvolumens, wenn nicht höher. Interessierte Käufer werden diese Kosten nur tragen wollen, wenn sie eine Chance sehen, das Unternehmen auch kaufen zu können. Deshalb bestehen sie vor Beginn der Due Diligence auf Exklusivität in den Preisverhandlungen, um einen Bieterwettbewerb zu vermeiden.
2. die meist fehlende Verbindlichkeit zu Beginn des Prozesses. Wenn die interessierten Käufer um ein erstes Preisangebot oder eine Preisindikation gebeten werden, gleicht das einem RfQ. Dann sollte man darauf achten, diese Preise so abzufragen, dass es sich um eine gültige Rückfallposition handelt, sollte der darauffolgende Prozess nicht erfolgreich sein. Aber die abgegebenen Preisindikationen sind meistens keine validen Rückfallpositionen und der Verkäufer hat somit kein BATNA. Das fehlende Commitment kann ihn also teuer zu stehen kommen.
3. die zu frühe Einschränkung der Freiheitsgrade, etwa wenn entschieden ist, dass nur 100 % der Anteile zum Verkauf stehen oder nur in Cash gezahlt werden kann. Das kann abschrecken und Spielraum zu einem späteren Zeitpunkt beschränken, wenn der Verkäufer neue Signale aus dem Markt erhält.
4. fehlt im Markt ein strukturierter Ansatz bei M&A-Verhandlungen wie beim Einkauf. In etlichen Fällen konnten wir aber bereits unser System of Negotiations erfolgreich einsetzen und explizite Handlungsempfehlungen für eine

professionelle Verhandlungsführung entwickeln, sowohl auf Verkäufer- wie auf Käuferseite.

... bei Existenzgründern und Start-ups ...

Unser System eignet sich zudem nicht nur für etablierte Unternehmen, sondern auch für *Existenzgründer und Start-ups,* die ähnliche Verhandlungen zu führen haben. Neben Verhandlungen mit Kunden, Lieferanten und Mitarbeitern haben sie mit Co-Gesellschaftern, Risikokapitalgebern und Business Angels zu tun. Dabei geht es häufig auch um existenzielle Fragen, den Deal ihres Lebens. Kein Wunder, dass die emotionale Betroffenheit hier besonders groß ist. Gleichzeitig fehlt es Gründern unserer Erfahrung nach häufig an Verhandlungsprofessionalität. Ihr Verhandlungsstil ist schnell und vermeintlich unkompliziert, aber sie übersehen dabei die Bedeutung von Commitment oder BATNA. Rückfallpositionen sind nicht immer klar definiert. So besteht die Gefahr, in der Verhandlungsführung, insbesondere mit potentiellen Investoren und Käufern, gehemmt und nicht auf Augenhöhe zu agieren, sei es wegen fehlender Transparenz oder weil sie sich von erfahrenen Verhandlern in die Ecke drängen lassen. Deshalb ist ihnen zu empfehlen, dass sie Unterstützung für eine strukturierte Vorbereitung und professionelle, unabhängige Verhandlungsführung suchen, wie sie unser System of Negotiations ermöglicht.

... und sogar bei Cybercrime

Unsere Verhandlungsmethoden sind in einer Vielzahl von Kontexten nützlich, auch wenn diese nicht unbedingt direkt auf der Hand liegen. So kann ein Unternehmen manchmal auch unter dem Druck mit Kriminellen verhandeln müssen, im Prinzip also eine Verhandlung mit einem Monopolisten. Einem unserer Kunden ist genau dies passiert: Er wurde Opfer eines Cyberangriffs. Die Hacker hatten bei den Mitarbeitern, die Corona-bedingt im Homeoffice arbeiteten, einen Trojaner auf den Rechnern installiert und das IT-System damit lahmgelegt. Zudem hatten sie sich Zugriff auf Adressbücher verschafft und gefälschte Zahlungsaufforderungen an Kunden, Lieferanten und Partner des Unternehmens geschickt. Die Täter forderten ein Lösegeld in Höhe von einer halben Million Euro, zahlbar in Bitcoin. Auch wenn in solchen Fällen das LKA und BKA ermitteln, war in den Verhandlungen mit den Hackern ein strukturiertes professionelles Vorgehen nötig, da es um schnellstmögliche Schadensbeseitigung zur Aufrechterhaltung des Geschäftsbetriebes ging. Und darum, in den Verhandlungen mit den Erpressern die Lösegeldforderung zu reduzieren, sie hinzuhalten und zusätzliche Informationen über sie zu bekommen. Bei solchen Verhandlungen gilt es strukturiert vorzugehen und einen kühlen Kopf zu bewahren. Im Ergebnis konnten wir als Schattenverhandler für unseren Kunden binnen 48 h die Situation klären und die Lösegeldforderung um die Hälfte herunterhandeln.

Fazit
Gerade, weil Verhandlungen existenziell sind für alle Businessbereiche und viele Institutionen wie etwa auch der Öffentlichen Hand, ist das Anwendungspotential unseres System of Negotiations noch längst nicht ausgeschöpft. Die Digitalisierung bietet auch hier neue Möglichkeiten.

4.3 Die Chancen der Digitalisierung

Wie die Digitalisierung in viele Lebensbereiche eingreift, so verändert sie auch die Verhandlungen im Einkauf. Sie führt zu immer weniger Vor-Ort-Vergaben. Der Zugriff auf große Datenmengen bietet neue Chancen, aber auch neue Falltüren. Bei E-Vergaben beispielsweise, also Auftragsvergaben über eine Onlineplattform ohne direkten Kontakt mit dem Kunden, büßt man das direkte Feedback ein, auch Nachfragen des Zulieferers zum Prozess werden dadurch erschwert, wenn er erst einmal begonnen hat. Die Regeln müssen also zuvor noch klarer kommuniziert werden, eventuell sogar in einem Meeting oder Test vor der eigentlichen Vergabe.

E-Auctions: Mehr als nur Zeitgewinn
In den vergangenen Jahren haben wir immer mehr Auktionen über das Internet durchgeführt. Wichtig ist dabei, wie so oft, wenn man eine neue Ressource mit eigenen Herausforderungen nutzen will, dass man sich nicht fragt, wie der bisherige Prozess möglichst deckungsgleich online abgebildet werden kann. Vielmehr sollte man sich fragen: Welche Eigenschaften des bisherigen Prozesses müssen weiterhin vorhanden sein? Und wie kann ich mit der neuen Ressource den Prozess sogar noch besser machen als vorher? Der Anspruch sollte also nicht sein, *fast* genauso gute Vergaben übers Internet durchzuführen, sondern durch die neue Ressource besser zu werden.

Wichtig sind dabei weiterhin Vorbereitung, Vergleichbarkeit und Commitment. Hier ändert sich nichts. Die Eigenschaften des Marktes müssen verstanden werden: Welcher Zulieferer kann was liefern, welche Pakete darf wer gewinnen etc. Die Zulieferer müssen holistisch bewertet und diese Bewertung sollte ihnen transparent dargestellt werden. Auch das Commitment bleibt ein integraler Bestandteil und das Fundament für den Biss einer Auktion. Die Regeln müssen klar sein, wie der Gewinner bestimmt wird, und sie müssen bis hinauf zum C-Level des Unternehmens committet sein. Nur dann verstehen die Zulieferer auch in der E-Auction, dass kein Weg daran vorbeiführt.

Beim Vergabedesign beginnen dann die Feinheiten, mit denen sich die Unterschiede zur klassischen Vor-Ort-Vergabe nutzen lassen. So bringen E-Auctions einen enormen Zeitgewinn: Man muss nicht, wie bei einer konventionellen Auktion, von Raum zu Raum eilen, um den Zulieferern die Preise zu kommunizieren. Dadurch sind deutlich schnellere Runden und Preisschritte möglich. Davon profitiert der Einkauf gleich dreifach:

1. Es lassen sich mehr Preisschritte durchführen, sodass die Wahrscheinlichkeit, dass ein Zulieferer genau zwischen zwei Preisschritten liegt, sinkt. Damit optimiert man die Preisfindung und lässt weniger Geld im Prozess liegen, als wenn die Schritte weiter auseinanderliegen.

2. Die Vergaben lassen sich zeit- und ortsunabhängig durchführen. Es müssen nicht aufwendig Termine koordiniert werden und es ist auch für die Zulieferer deutlich einfacher, eine Webseite zu besuchen anstatt zum einkaufenden Unternehmen fahren zu müssen. Das hat zur Konsequenz, dass Opportunitätskosten und damit Markteintrittsbarrieren für Zulieferer reduziert werden mit dem Ergebnis einer potenziell höheren Wettbewerbsdichte. Denn nun können auch Zulieferer teilnehmen, die sonst vielleicht die Reisekosten und den Aufwand für dieses spezielle Projekt gescheut hätten. Aus der Literatur zur Auktionstheorie wissen wir, dass jeder zusätzliche Bieter bares Geld bringt (Bulow und Klemperer 1994). Genau diesen Effekt beobachten wir in der Praxis.

3. Pro Tag sind auch mehr Einkaufsprozesse möglich. Können bei einer Vor-Ort-Vergabe höchsten zwei bis drei Vergaben an einem Tag stattfinden, steigt die Anzahl bei Onlinevergaben mit der erhöhten Effizienz deutlich.

Beispiel

Für einen Kunden aus der Automobilindustrie konnten wir durch eine erfolgreiche E-Auction gleich mehrere komplexe, kombinatorische Vergaben an nur einem einzigen Tag durchführen. Der Prozess mit einem Umfang von etwa 100 Mio. EUR hätte sonst mehrere Tage in Anspruch genommen. Durch die interaktive Natur der E-Auction konnten sich die Zulieferer nach der Lieferantenkommunikation mit der Plattform, wie auch mit dem Vergabedesign selbst, vertraut machen. Sie hatten darüber hinaus eine Woche lang die Gelegenheit, sich die Plattform anzuschauen und die Auktion testweise am Computer zu spielen, sodass sie genau verstanden, wie das Regelwerk der kombinatorischen Auktion funktioniert. Auch das sorgte für deutlich weniger Reibung am Vergabetag und es gab keine einzige Rückfrage mehr, bei so einer komplexen Vergabe keine Selbstverständlichkeit. Der Erfolg des speziell auf die E-Auction angelegten Vergabedesigns zeigte sich nicht zuletzt an den Einsparungen in Höhe von circa 14 % bei einem ursprünglichen Einsparziel von circa 6 %.◄

Der Einsatz von Daten und fortschrittlichen mathematischen Methoden
Das zweite große Thema der Digitalisierung sind die Daten. Sie gelten als das neue Gold und das ist keine Übertreibung: Denn Daten bieten, richtig genutzt, enorme Potenziale für den Einkauf. Dabei geht es um Transparenz und die Reduktion von Informationsasymmetrien, d. h. wenn eine Seite besser über Eigenschaften des Marktes und des Gutes informiert ist als die andere. Dies betrifft Vergangenheit, Gegenwart und Zukunft.

Mehrwert gewinnen mit den Daten von gestern
Beim Blick in die Vergangenheit geht es natürlich um historische zu Einkauf, Zulieferern und Marktpreisen. Auf ihrer Basis lassen sich die Produktionskosten besser schätzen – eine Voraussetzung, um das optimale Menü an Konditionen zu verhandeln. Verzichtet ein Unternehmen auf die Aufzeichnung und Auswertung dieser Daten, und, schlimmer noch, nutzt allein die Gegenseite sie, kann sich die Informationsasymmetrie sogar noch vergrößern, wenn der Zulieferer nicht nur über seine eigenen Daten besser informiert ist, sondern auch über den Markt insgesamt. Daher ist es für jedes Unternehmen essenziell, strukturiert die Daten aus Produktion, Verhandlungen und Einkauf aufzuzeichnen und wissenschaftlich auszuwerten.

Die Frage ist natürlich: Welche historischen Daten sind relevant für die aktuelle Vergabe? Das können vergangene Verhandlungen sein, aber auch Indices oder andere externe Daten zur Marktentwicklung, um das Unternehmen auf Augenhöhe mit seinem Verhandlungspartner zu bringen, sollte die Gegenseite besser informiert sein. Das kann über einfache Modelle wie lineare Regressionen geschehen, aber wir haben auch schon komplexe, moderne Data-Science-Methoden wie Machine-Learning-Modelle genutzt.

Beispiel

In der Textilbranche spielt der Preis zwar eine Rolle, häufig sind jedoch Konditionen wie Lagerhaltung und Rücknahmegarantien deutlich wichtiger. Über diese Eigenschaften hatte unser Kunde in den vergangenen Jahren Millionen Daten gesammelt, verhandelte Konditionen und auf die einzelnen Artikel bezogene genaue Informationen zum Umsatz. Diese Daten konnte er aber bis dahin nicht nutzen, da gewöhnliche Modellierungsansätze überfordert waren von der Kombination aus kategorialen und quantitativen Daten wie Preisen und Umsatz sowie von der hohen Varianz dieser Daten. Unser Auftrag bestand darin, ein sogenanntes Decision Support System für den Einkauf zu modellieren, das für jeden Hersteller Hinweise geben würde, welche Eigenschaften des Vertrags relevant sind. Mithilfe eines Machine-Learning-Ansatzes ist es uns gelungen, nützliche Informationen auf Knopfdruck verfügbar zu machen. Damit kann ein Einkäufer auf Basis historischer Daten heute bessere und schnellere Entscheidungen treffen.◄

Optimierung von Prozessen mit Daten von heute

Aber auch mit Gegenwartsdaten lässt sich ein Mehrwert durch Transparenz generieren. Häufig haben wir bei Vergaben Restriktionen – einerseits Kapazitätsbeschränkungen bei Zulieferern, andererseits bei einem Kunden Vorgaben in Form von Regeln über die Anteilsgröße eines Auftrags, der an einen Zulieferer vergeben werden darf. So kann es sein, dass kein Zulieferer das gesamte Business gewinnen darf bei einem sogenanntes Multi-Sourcing oder dass neue, bisher unbekannte Zulieferer nur einen kleineren Anteil gewinnen dürfen als bekannte Stammlieferanten. Beide Restriktionen zusammen können die Entscheidung extrem schwierig machen, bei welcher Auftragsverteilung sich die Savings maximieren lassen. So kann es sein, dass ein neuer Lieferant zwar extrem günstig anbietet, sodass er eigentlich für mehrere Pakete infrage kommt, ihm aber aufgrund der Restriktionen Geschäft genommen werden muss. Was und wieviel genau ist so komplex, dass früher das Problem entweder durch Stückelung der Vergabe vereinfacht oder die Lösung über den Daumen gepeilt wurde. Beides ist keine optimale Vergabe oder Allokation, sodass mögliche Einsparungen unterbleiben. Heute jedoch lassen sich diese Allokationsprobleme mit mathematischen Methoden lösen, so dass sich bei komplexen Vergaben oft schon Savings einstellen, bevor überhaupt neue Preise verhandelt werden, allein dadurch, dass die optimale Allokation gefunden wird.

Beispiel

Ein international operierender Kunde aus dem Autoersatzteilemarkt wollte einen Preis pro Teil für alle Regionen verhandeln. Dabei hatte jede Region ihre eigenen Restriktionen für die Zulieferer. Zusätzlich gab es noch unternehmensweite Beschränkungen. Dazu kam eine ganz besondere Schwierigkeit: Die Zulieferer durften Mengenrabatte anbieten. Kleine Verschiebungen der Allokation in einer Region konnten deshalb dazu führen, dass der Kunde mit Teilen in eine andere Mengenrabattstaffelung eines Herstellers hineinrutschte mit weitreichenden Konsequenzen für die Preise. Wir haben dann mithilfe mathematischer Lösungen Restriktionen und Mengenrabatte modelliert und konnten für jedes Preisangebot die optimale Allokation bestimmen. Für unseren Kunden bedeutete das: Bei einem Volumen von circa 90 Mio. EUR holten wir so fast eine Million Euro jährlich an Einsparungen heraus, noch bevor wir die neuen Preise verhandelt hatten. Der Kunde war schon etwas erstaunt. Zwar hatte er vermutet, dass es hier Potenzial gab, aber mit dem Umfang hatte er nicht gerechnet.◄

Auf Basis von Daten rationale Entscheidungen für morgen
Schließlich spielen Daten auch eine entscheidende Rolle für Transparenz und Effizienz in zukünftigen Verhandlungen. Wie etwa muss die kommende Vergabe aussehen auf Basis der aktuellen Resultate? Und was können wir heute schon für die Zukunft festlegen und lernen?

Beispiel

Wir können ermitteln, was genau unternehmensinterne Restriktionen kosten. Denn mit jeder Restriktion entgehen dem Unternehmen Savings, da dann nicht alle Aufträge an den jeweils günstigsten Bieter gehen. Auf Basis der verhandelten Preise und der vorhandenen Restriktionen können wir nach der Vergabe genau berechnen, was eine Restriktion mindestens gekostet hat. Das ist eine wertvolle Information für den Einkauf in der Argumentation etwa mit dem Risikomanagement, die Restriktionen für einen neuen Zulieferer bei der nächsten Vergabe zu lockern. Außerdem sollte man sich fragen: Welche Daten hätten mir bei dieser Vergabe zu einem besseren Ergebnis verholfen? Können diese ab jetzt gesammelt werden, um zukünftige Vergaben zu erleichtern?◄

Fazit
Das sind nur einige Beispiele, wie Data Science und Mathematik zukünftig neues Potential in Verhandlungen erschließen. Dieses komplexe Thema verdient mit Sicherheit eine Fortsetzung in Form eines weiteren Buches.

4.4   Verhandeln – Von der Intuition zur Wissenschaft

Verhandeln gilt vielen als eine Art Geheimwissenschaft, mehr Intuition als Ratio. Wie wir mit diesem Buch gezeigt haben, gibt es für erfolgreiches Verhandeln klare Kriterien und Handlungsempfehlungen, die einem rationalen, in der Praxis bewährten Konzept folgen. Unsere Erfahrung zeigt: Verhandeln ist ein Handwerk, das man systematisch erlernen kann. Natürlich nicht in einem Wochenendkurs – etwas Zeit und Einsatz braucht es schon, um unser System of Negotiations in Theorie und Praxis verstehen und anwenden zu können. Aber die Alternative, sich das Knowhow mühselig in einen individuellen „trial-and-error"-Verfahren anzueignen, ist sicherlich zeitaufwendiger und kostenintensiver, da solche Lernprozesse notwendigerweise auch mit teuren Fehlschlägen einhergehen. Gerade weil wir davon ausgehen, dass unser System of Negotiations für jeden Einkäufer erlernbar ist, haben wir Schritte zum Aufbau einer Verhandlungsakademie eingeleitet, um diesen Wissenstransfer zu ermöglichen.

Denn wir wissen, dass wir nicht die Einzigen sind, die sich hauptberuflich mit dem Thema Verhandeln befassen. Es müssen Tausende sein, die sich in den Einkaufsabteilungen alltäglich damit beschäftigen. Jedoch arbeiten die meisten individuell vor sich hin, nach einem eigenen oder adaptierten System. Wir glauben, dass ein Ideenaustausch zwischen den Beteiligten die Professionalisierung des Einkaufs erheblich voranbringen würde. Wir wollen deshalb, das ist unser erklärtes Ziel, eine offene Gemeinschaft der Verhandler schaffen, die auch konzern- und branchenübergreifend Wissenstransfer ermöglicht. Als Mitgestalter dieser Community wollen wir mit unseren Möglichkeiten dazu beitragen, die Verhandlerszene europaweit zu vernetzen und zusammenzuführen.

Daher unser Aufruf: Wer sich nach dem Lesen dieses Buches motiviert fühlt, sich mit uns über das Thema Verhandlungen auszutauschen: GET IN TOUCH! Wir freuen uns darauf, Menschen kennenzulernen, die genauso wie wir für das Thema brennen: systematischer Einkauf.

Unsere Kontaktadresse:
Negotiation Advisory Group
info@n-advisory.group

Literatur

Bulow J, Klemperer P (1994). Auctions vs. negotiations. No. w4608. National Bureau of Economic Research

Kaserer C, Kraft M (2003) How issue size, risk and complexity are influencing external financing costs: German IPOs analyzed from an economies of scale perspective. J Bus Financ Acc 30:479–512

Ritter JR (1987) The costs of going public. J Financ Econ 19:269–281

Glossar

BATNA *Best Alternative to a Negotiated Agreement* (siehe
Abschn. 2.3).

Behavioristischer Effekt siehe Stichwort Verhaltensökonomie.

Bonus-/Malus-Bewertung Monetäre Bewertung qualitativer Kriterien. Bei der
Bonus-/Malus-Bewertung werden Abweichungen zwischen dem Lieferanten
oder Abweichungen zwischen den Lieferanten und den Wünschen des Einkaufs, Geldwerte zugeordnet, um sie vergleichbar zu machen. Ein Beispiel
sind interne Kosten, die ein Unternehmen spart, wenn es einen zuverlässigen
Lieferanten auswählt. Die Bonus-/Malus-Bewertung ist die Voraussetzung für
starken Wettbewerbs- und Preisdruck (siehe auch
Abschn. 2.7).

Business Case Analyse eines Geschäftsszenarios hinsichtlich der Rentabilität. In
einem Business Case sollen prognostizierte finanzielle und strategische Auswirkungen abgewogen und bewertet werden, um eine informierte Entscheidung
treffen zu können.

Cheap Talk In der Spieltheorie bezeichnet Cheap Talk eine Art der Kommunikation, die die Zahlungen an die Spieler, also das Ergebnis, nicht direkt
beeinflusst. In die reale Welt der Verhandlungen übersetzt bedeutet das
Signale, die nichts kosten, sollten nicht ernst genommen werden. Außerdem ist
diese Art der Signale nicht einfach verifizierbar. Ein Beispiel für Cheap Talk
in einer Verhandlung ist es, wenn der Einkauf behauptet, ein zweiter Zulieferer
habe einen zehn Prozent günstigeren Preis angeboten. Dieses Signal kostet den
Einkauf nichts und sollte vom ersten Zulieferer ignoriert werden: Er hat keine
Möglichkeit, das zu verifizieren, und es gibt in diesem Beispiel von Seiten
des Einkaufs kein Commitment, was geschieht, wenn der Zulieferer den Preis
nicht reduziert.

© Der/die Herausgeber bzw. der/die Autor(en), exklusiv lizenziert durch
Springer Fachmedien Wiesbaden GmbH, ein Teil von Springer Nature 2021
R. Schumann (Hrsg.), *Verhandeln mit System,*
https://doi.org/10.1007/978-3-658-34055-1

Cherry-Picking Aus allen möglichen Optionen für jeden Artikel das beste Angebot rauspicken.

Common Values Man spricht von Common Values, wenn ein Gut oder eine Dienstleistung für alle Beteiligten mehr oder weniger den gleichen Wert hat, sich aber die Einschätzungen über diesen Wert unterscheiden.

Cost Break Down Systematischer Prozess, um die einzelnen Kostenbestandteile der Gesamtkosten eines Gutes oder einer Dienstleistung zu identifizieren.

Diskontfaktor Durch die Diskontierung mittels eines Diskontfaktors wird der Wert einer zukünftigen Zahlung berechnet (siehe dazu Abschn. 2.6, Verknüpfung von Bestands- und Neugeschäft durch einen Diskontfaktor).

Englische Auktion Beginnt im Einkauf mit einem relativ hohen Preis, der dann solange reduziert wird, bis er nur noch von einem Lieferanten akzeptiert wird. Dieser gewinnt den Auftrag dann zu diesem Preis. Es gibt mehrere Spielarten dieses Auktionsformates (siehe Abschn. 2.10).

First-Price Sealed-Bid Beliebtes Auktionsformat, bei dem jeder Teilnehmer ein Gebot abgibt und das beste Gebot gewinnt. Dieser Teilnehmer bekommt dann den Preis, den er angeboten hat.

Holländische Auktion Hier bietet der Einkauf den Lieferanten einen sehr niedrigen Startpreis. Wenn kein Lieferant den angebotenen Preis akzeptiert, wird er sukzessive erhöht. Die Auktion endet sofort, sobald ein Lieferant einen Angebotspreis bestätigt.

Incoterms Abkürzung für International Commercial Terms und meint Handelsklauseln im internationalen Warenhandel. Darin wird festgelegt, wer beispielsweise die Kosten für den Transport, die Verzollung oder die Versicherungen trägt.

Kollusion Ist das unerlaubt abgesprochene Zusammenwirken mehrerer Beteiligter zum Schaden eines Dritten. Davon zu unterscheiden ist die *indirekte Kollusion,* die ohne direkte Absprache zwischen den Beteiligten zustande kommt. Sie kann auftreten, wenn der Vergabeprozess schlecht designt wurde und die Anreize für die Bieter groß sind, sich das Geschäft aufzuteilen, beispielsweise wenn es nur zwei Bieter gibt und zwei ähnliche Pakete vergeben werden.

Last Call Ist im Kontext des Einkaufs die Option, an einen favorisierten Lieferanten den Auftrag zum aktuell besten Angebot der Konkurrenz zu bekommen. Auch unter *Right of first refusal* geläufig.

Last-Round-Effekt Darunter versteht man bei Verfahren, die über mehrere Runden gehen, dass man in der letzten Runde nicht mehr „nett" zu dem Gegenüber sein muss, damit dieser sich reziprok ebenfalls nett verhält. In der letzten Runde kann man also das Maximum für sich selbst herausschlagen, denn danach ist die Interaktion ohnehin beendet.

Lieferantenkommunikation Bei der Wettbewerbsvergabe der Prozessschritt, bei dem den Lieferanten der verwendete Vergabemechanismus sowie ihre individuelle Bonus-Malus-Bewertung mitgeteilt wird.

Moral-Hazard-Effekt Dieser entsteht, wenn in einem Prozess die Regeln schlecht gesetzt sind, so dass falsche Anreize entstehen. Ein klassisches Beispiel aus der Versicherungsbranche: Ein feuerversicherter Eigentümer wendet weniger Sorgfalt bei der Schadensvermeidung beziehungsweise -begrenzung auf als ein Hausbesitzer ohne eine solche Versicherung. Indem die Versicherung dieses Produkt anbietet, wird indirekt der Anreiz geschwächt, das von der Versicherung gewünschte Verhalten einzuhalten. Ein Mittel gegen Moral Hazard sind dann Selbstbeteiligungen.

Onboarding-Aufwand Bezeichnet den Aufwand, der bei der Zusammenarbeit mit einem neuen Lieferanten entsteht. Spielt häufig eine Rolle im Zuge einer *Bonus-/Malus-Bewertung;* dann ist damit der Aufwand gemeint, der zusätzlich entsteht, wenn der Auftrag nicht an einen Bestandslieferanten geht.

Outside-Option Meint eine Alternative beispielsweise außerhalb eines Vergabeprozesses.

Preissetzungsmacht Darüber verfügt derjenige, der den Preis bestimmt. Gibt es beispielsweise nur einen einzigen Anbieter, der das Produkt anbieten kann oder darf, kann er bis zu einem bestimmten Punkt den Preis setzen, die Preissetzungsmacht liegt also bei ihm. Gibt es viele Anbieter und deutlich mehr Angebot als Nachfrage, liegt die Preissetzungsmacht beim Kunden.

Prinzipal-Agenten-Problem Ein Prinzipal will ein Ziel erreichen und stellt dafür einen Agenten ein. Dem Agenten setzt er Anreize beispielsweise in Form eines Arbeitsvertrages, damit dieser im Sinn seiner Zielsetzung für ihn handelt. Das Problem des Prinzipals ist es, diese Anreize so zu setzen, dass der Agent das gleiche Ziel verfolgt wie er selbst.

Prohibitive Pricing Bei Bündelvergaben die Strategie eines Bieters, sein von ihm bevorzugtes Paket attraktiv zu bepreisen, dagegen alle anderen Paketierungsvarianten durch sehr hohe Preise künstlich unattraktiv zu rechnen.

Referenzkalkulation Die Berechnung oder Herleitung der Produktionskosten eines Zulieferers für ein Teil durch Analyse oder *Reverse-Engineering.*

Request for Quote RfQ (auch Request for Quotation) Oft die erste Anfrage an potenzielle Lieferanten zu den Preisen für die Spezifikationen eines Produktes oder einer Dienstleistung. In dieser RfQ wird im besten Falle alles Notwendige beschrieben, damit die Lieferanten ein bereits verbindliches Angebot abgeben können.

Risikoaversion Gibt es zwei Optionen, die in Erwartung den gleichen Wert bringen, entscheidet sich eine risikoaverse Person immer für die Option mit weniger Unsicherheit.

Sourcing (Dual-, Triple-, Multi-) Das zu beschaffende Gut von zwei, drei oder mehreren Anbietern beziehen statt exklusiv nur von einem Zulieferer.

Spieltheorie In der Spieltheorie werden Entscheidungssituationen mit mehreren Teilnehmern mathematisch modelliert. In einem ersten Schritt müssen die Regeln dieser Entscheidungssituation, das Spiel, rigoros festgelegt werden: Wer bekommt was, wenn man sich in einer bestimmten Art und Weise verhält. Ein einfaches Beispiel ist das Spiel „Schere Stein Papier". Wenn aber mehrere Spieler an einer solchen Entscheidungssituation teilnehmen, entsteht eine neue Schwierigkeit: Das Ergebnis des Einzelnen hängt nicht mehr nur von seinen eigenen Entscheidungen ab, sondern auch von denen der anderen. Ich kann nicht immer Stein spielen, denn dann wird mein Gegner als Reaktion immer Papier wählen. Durch diese Interaktion kann es also einerseits zu Konkurrenz kommen, andererseits aber auch zu Kooperation. Die Spieltheorie untersucht die Entwicklungen von Strategien und Herleitung von Gleichgewichten, also einem Verhalten, das für alle Beteiligten optimal ist, sodass sich Abweichungen von diesem Verhalten nicht lohnen. Mittlerweile findet die Spieltheorie in vielen Bereichen Anwendung. So wurden John C. Harsanyi, John F. Nash und Reinhard Selten 1994 mit dem Nobelpreis für Wirtschaftswissenschaften für ihre Verdienste um die Weiterentwicklung der Spieltheorie ausgezeichnet. In der Ökonomie allgemein, im Einkauf, der IT, Politik und weiteren Bereichen wird Spieltheorie bereits seit Jahren erfolgreich eingesetzt, um zu optimalen Lösungen zu kommen. Insbesondere im Einkauf wurden damit große Erfolge erzielt. Neben spieltheoretischen Einkaufsberatungen wie NAG haben deshalb viele Großunternehmen intern spieltheoretische Abteilungen aufgebaut. Die Analyse und der Einsatz von Auktionen ist eine Domäne der Spieltheorie, und der Erfolg gibt dieser Methodik recht: Mit spieltheoretischen Auftragsvergaben können in oft anscheinend „ausverhandelten" Situationen noch mal Einsparungen im zweistelligen Prozentbereich erreicht werden.

Stop-now-Button Zusätzliches Preisangebot parallel zu einer Englischen Auktion. Das Preisangebot geht von einem relativ aggressiven, niedrigen Ausgangspunkt aus, das dann parallel zu jeder Runde der eigentlichen Auktion erhöht wird.

Szenarienbaum Darin werden alle möglichen Verästelungen eines Szenarios, die von den Entscheidungen einer Partei abhängen, dargestellt und strukturiert.

Oft wird jedem Szenario oder Ast des Szenarienbaums ein Business Case hinterlegt, um die einzelnen Äste vergleichbar zu machen.

Tit-for-Tat Spieltheoretisches Konzept der Reziprozität. In der Spieltheorie bezeichnet Tit-for-Tat die Strategie, sich so lange kooperativ zu verhalten, wie es die Gegenseite auch tut. Verhält sich die Gegenseite nicht kooperativ, wird auch das eigene Verhalten nicht kooperativ.

Total-Cost-of-Ownership-Ansatz Im Kontext von Verhandlungen die vollständige monetäre Bewertung der Lieferantenangebote. Er erfasst alle gesamtunternehmerischen Kosten, also auch nichtmonetäre Aspekte, die in Geld umzurechnen sind.

Tradables Damit bezeichnen werden die Eigenschaften eines Vertrages oder Gutes bezeichnet, die unter Umständen nützlich für den Einkäufer sein können, die aber nicht essentiell für das Zustandekommen eines Vertrages sind. Sie können während einer bilateralen Verhandlung strategisch eingetauscht werden.

Verhandlungsdesign Bei der Wettbewerbsvergabe die Details und Regeln der ein- oder mehrstufigen Auktion.

Verhaltensökonomie Beschäftigt sich mit dem menschlichen Verhalten in Entscheidungssituationen. Die klassische Nationalökonomie unterstellt in der Regel das Menschenbild eines risikoneutralen Nutzenmaximierers, den Homo Oeconomicus. In der Wirklichkeit orientieren Menschen ihr Verhalten dagegen oft nicht nur an dem zu erwartenden Geldbetrag, sondern an weiterer Interessen: Das Risiko, der Nutzen für andere und der Vergleich mit ähnlichen Situationen beeinflussen meist auch die Entscheidungen von Menschen in alltäglichen Situationen, mal mehr mal weniger. Um diese Entscheidungen trotzdem analysieren und verstehen zu können, werden diese im Vergleich zum Homo Oeconomicus irrationalen Verhaltensmuster von der Verhaltensökonomie mathematisch modelliert und damit qualitative und quantitative Voraussagen getroffen, beispielsweise in der Spieltheorie. Auch für wissenschaftliche Arbeiten in der Verhaltensökonomie wurden schon mehrere Nobelpreise vergeben, zuletzt 2017 an Richard Thaler.

Wettbewerbsmatrix Grafische Darstellung der aktuellen Marktsituation. Dabei werden die Lieferanten mit ihrem jeweiligen Portfolio aufgeführt. Dazu kommen die Unternehmenseigenen Freigaben pro Artikel pro Lieferant. Daraus ergibt sich einerseits die Anzahl an Wettbewerbern pro Artikel, andererseits das Potenzial der einzelnen Lieferanten (siehe dazu auch Abbildung 2.3).

ZOPA *Zone of Potential Agreement* (siehe Abschn. 2.3).

The manufacturer's authorised representative in the EU is Springer
Nature Customer Service Centre GmbH, Europaplatz 3, 69115 Heidelberg,
Germany. If you have any concerns regarding our products, please
contact ProductSafety@springernature.com

Printed and bound by CPI Group (UK) Ltd, Croydon, CR0 4YY
24/04/2026
02096315-0011